Eugenio Montale
Glorie des Mittags

Serie Piper
Band 570

Zu diesem Buch

Die vorliegende Auswahl basiert auf der Sammlung *Ossi di seppia* (»Tintenfischknochen«, 1925, erweiterte Ausgabe 1927), die Montales frühen Ruhm begründete, sowie auf den nachfolgenden Gedichtbänden *Le occasioni* (»Die Gelegenheiten«, 1939) und *La bufera e altro* (»Der Sturmwind und anderes«, 1956).

Montale hat für die moderne italienische Lyrik ein neues Modell des Dichters geschaffen: Er ist nicht mehr von der magischen Kraft des Dichterwortes überzeugt, hat keine Botschaft zu überbringen, lehnt noble Gegenstände, heroische Gestalten und Gefühle ab. Charakteristisch für sein ganzes Werk ist die Mischung von lyrischen und prosaistischen Elementen, das Understatement, die Zurückgenommenheit.

In *Ossi di seppia* gestaltet er in immer neuen Bildern den Zerfall, den Abstieg, das Scheitern, das Leiden der Natur, in der der Mensch mitzuleben sucht. »Ausgangspunkt bleibt die konkrete Erfahrung, für den Genueser Montale zuerst und immer wieder das Meer, die Mittelmeerlandschaft, hart und fest gezeichnet wie bei Cézanne« (Werner Ross). Die Gedichte der *Occasioni* spielen nicht mehr vor dem fast zeitlosen Hintergrund des Mittelmeerraums, sondern sind erfüllt von konkreten Orts-, Zeit- und Personenangaben. Die »Gelegenheiten« sind Begegnungen, Abschiede, Abreisen, und fast immer ist eine Spannung zwischen Gegenwart und Vergangenheit spürbar. Im Band *La bufera e altro* finden sich Gedichte der kleinen Form mit Momentaufnahmen, in anderen ist das Thema die Verschmelzung von existentiellem, historischem und privatem Verhängnis. Doch letztlich sind die Gedichte der verschiedenen Bände durch unzählige Fäden miteinander verbunden, erläutert ein Band den vorhergehenden, knüpft der neue an die vorausgegangenen an.

Eugenio Montale, geboren 1896 in Genua, gestorben 1981 in Mailand. Gesangsstudium, Teilnahme am Ersten Weltkrieg. 1928 Übersiedlung nach Florenz; Verlagslektor, später Bibliotheksdirektor; 1938 Amtsenthebung und politische Überwachung bis zum Ende des Zweiten Weltkriegs. Danach journalistisch u.a. als Redakteur am »Corriere della Sera« tätig. Übersetzer von T. S. Eliot, Pound, Guillén, Kavafis u.a. 1975 Nobelpreis für Literatur.

Eugenio Montale

Glorie des Mittags

Ausgewählte Gedichte
Italienisch/Deutsch

Übertragung und Nachwort von
Herbert Frenzel

Piper
München Zürich

Die gegenüber der deutschen Originalausgabe von 1960 leicht veränderte Neuausgabe beruht auf der 1980 bei Einaudi erschienenen kritischen Gesamtausgabe des lyrischen Werks.

Von Eugenio Montale liegt in der Serie Piper außerdem vor:
Die Straußenfeder (145)

ISBN 3-492-10570-x
Neuausgabe 1986
3. Auflage, 5.–9. Tausend Oktober 1986
(1. Auflage, 1.–5. Tausend dieser Ausgabe)

Umschlag: Federico Luci
Satz: Graph. Werkstätten Kösel, Kempten
Druck und Bindung: Clausen & Bosse, Leck
Printed in Germany

AUS DEM BAND »OSSI DI SEPPIA«
1920–1927

Non chiederci la parola che squadri da ogni lato
l'animo nostro informe, e a lettere di fuoco
lo dichiari e risplenda come un croco
perduto in mezzo a un polveroso prato.

Ah l'uomo che se ne va sicuro,
agli altri ed a se stesso amico,
e l'ombra sua non cura che la canicola
stampa sopra uno scalcinato muro!

Non domandarci la formula che mondi possa aprirti,
sí qualche storta sillaba e secca come un ramo.
Codesto solo oggi possiamo dirti,
ciò che non *siamo, ciò che* non *vogliamo.*

Frage uns nicht nach dem Wort, das allseits bemesse
die Seele uns, die ungefüge, und mit Feuerlettern
sie beschrifte und erglänze wie ein Krokus,
der verloren steht inmitten staubiger Wiese.

Ach, wie der Mensch so sicher seines Wegs geht,
Freund anderen und selber sich
und seines Schattens nicht wahrnimmt, den die Julihitze
auf aller Mauern mürben Mörtel prägt.

Verlange nicht die Formel uns ab, die Welten öffne,
wenn schon zuweilen eine Silbe, dürr und krumm wie
Zweige.
Was heut' wir sagen können, ist nur das,
was wir *nicht* sind, was wir *nicht* wollen.

Meriggiare pallido e assorto
presso un rovente muro d'orto,
ascoltare tra i pruni e gli sterpi
schiocchi di merli, frusci di serpi.

Nelle crepe del suolo o su la veccia
spiar le file di rosse formiche
ch'ora si rompono ed ora s'intrecciano
a sommo di minuscole biche.

Osservare tra frondi il palpitare
lontano di scaglie di mare
mentre si levano tremuli scricchi
di cicale dai calvi picchi.

E andando nel sole che abbaglia
sentire con triste meraviglia
com'è tutta la vita e il suo travaglio
in questo seguitare una muraglia
che ha in cima cocci aguzzi di bottiglia.

Mittäglich ruhen, blaß, in dich gekehrt,
an einer Mauer, die von Glut verzehrt,
lauschen, wie zwischen Pflaumbaum und Gatter
die Amsel schnalzt, raschelt die Natter.

In den Rissen des Bodens, über niedrige Wicken
sehn, wie die Ameisen ziehn, die roten,
wie ihre Reihen sich manchmal knicken,
manchmal zu winzigen Meilern verknoten.

Durch das Laubwerk erkennen, wie fern das Meer
seine leuchtenden Schuppen atmend hebt,
während hoch von der Uferberge Wehr
das zitternde Lied der Zikaden schwebt.

Und dann durch die blendende Sonne ziehn
und fühlen mit überraschter Trauer,
wie all dies Leben und sein Bemühn
ein Wandern ist entlang der Mauer,
auf der die spitzen Scherben glühn.

Mia vita, a te non chiedo lineamenti
fissi, volti plausibili o possessi.
Nel tuo giro inquieto ormai lo stesso
sapore han miele e assenzio.

Il cuore che ogni moto tiene a vile
raro è squassato da trasalimenti.
Così suona talvolta nel silenzio
della campagna un colpo di fucile.

Ich will von dir, mein Leben, keine festen
Umrisse, noch erklärbare Gesichte, noch Besitz.
In deinem unruhvollen Kreise hat
für mich die gleiche Würze Honig und Absinth.

Das Herz, das feig vor jeder Regung scheut,
erschüttert selten nur ein großer Schrecken.
So etwa wie im Schweigen ländlicher Gefilde
ein Flintenschuß erdröhnt.

Portami il girasole ch'io lo trapianti
nel mio terreno bruciato dal salino,
e mostri tutto il giorno agli azzurri specchianti
del cielo l'ansietà del suo volto giallino.

Tendono alla chiarità le cose oscure,
si esauriscono i corpi in un fluire
di tinte: queste in musiche. Svanire
è dunque la ventura delle venture.

Portami tu la pianta che conduce
dove sorgono bionde trasparenze
e vapora la vita quale essenza;
portami il girasole impazzito di luce.

Bring mir die Sonnenblume, daß auf meine Flur
ich sie verpflanze, die der Salzhauch sengt.
Hier sei den ganzen Tag im spiegelnden Azur
ihr furchtsam gelblich Antlitz aufgehängt.

Ins Helle geht der Drang von dunklen Dingen,
die Körper strömen aus in Farbentönen:
Und diese in Musik. Verklingen
ist also letztes Abenteuer alles Schönen.

Bring du die Blume mir, die dahin soll,
wo blonde Transparenzen sich erheben,
wo zur Essenz verdampfen Welt und Leben;
bring mir die Blume, die vom Lichte toll.

Spesso il male di vivere ho incontrato:
era il rivo strozzato che gorgoglia,
era l'incartocciarsi della foglia
riarsa, era il cavallo stramazzato.

Bene non seppi, fuori del prodigio
che schiude la divina indifferenza:
era la statua nella sonnolenza
del meriggio, e la nuvola, e il falco alto levato.

Dem Schmerz des Lebens bin ich oft begegnet:
Er war im Gurgeln des erwürgten Baches,
er war im Krümmen des verbrannten Laubes,
im Sturz des Pferdes unter seiner Bürde.

Ich wußte nicht, war außerhalb des Wunders,
das Gottes Teilnahmslosigkeit erschließt:
Das Standbild, das im heißen Mittag dämmert,
die Wolke oder hoch im Blau der Falke.

Ciò che di me sapeste
non fu che la scialbatura,
la tonaca che riveste
la nostra umana ventura.

Ed era forse oltre il telo
l'azzurro tranquillo;
vietava il limpido cielo
solo un sigillo.

O vero c'era il falòtico
mutarsi della mia vita,
lo schiudersi d'un'ignita
zolla che mai vedrò.

Restò così questa scorza
la vera mia sostanza;
il fuoco che non si smorza
per me si chiamò: l'ignoranza.

Se un'ombra scorgete, non è
un'ombra – ma quella io sono.
Potessi spiccarla da me,
offrirvela in dono.

Was von mir man erfuhr,
war nur der Firnis,
die blasse Spur
menschlicher Wirrnis.

Dahinter noch klärte
sich ruhige Bläue;
nur der Himmel verwehrte
die letzte Weihe.

Da war auch die tolle
Wandlung des Lebens,
die Frucht heißer Scholle,
die ich suche vergebens.

So blieb diese Rinde
mein Wesen allein;
wer das Feuer künde,
muß unwissend sein.

Ihr seht einen Schatten,
nein – das bin ich.
Ich gäb' euch den Schatten,
verließe er mich.

Là fuoresce il Tritone
dai flutti che lambiscono
le soglie d'un cristiano
tempio, ed ogni ora prossima
è antica. Ogni dubbiezza
si conduce per mano
come una fanciulletta amica.

Là non è chi si guardi
o stia di sé in ascolto.
Quivi sei alle origini
e decidere è stolto:
ripartirai più tardi
per assumere un volto.

Da rauscht der Triton
aus den Fluten, welche
die Schwelle des christlichen Tempels bespülen,
und alle nächsten Stunden sind antik. Jeglichen Zweifel
geleitest du an der Hand
wie ein Töchterchen von Freunden.

Da sieht niemand sich selbst,
und horcht auf sich selbst.
Hier bist du am Ursprung,
und Entschlüsse sind Torheit.
Später, beim Fortgehn, wirst du dich wieder
mit einem Gesicht bekleiden.

Gloria del disteso mezzogiorno
quand'ombra non rendono gli alberi,
e più e più si mostrano d'attorno
per troppa luce, le parvenze, falbe.

Il sole, in alto, – e un secco greto.
Il mio giorno non è dunque passato:
l'ora più bella è di là dal muretto
che rinchiude in un occaso scialbato.

L'arsura, in giro; un martin pescatore
volteggia s'una reliquia di vita.
La buona pioggia è di là dallo squallore,
ma in attendere è gioia più compita.

Glorie des Mittags, weithin ausgebreitet,
wenn keinen Schatten mehr die Bäume werfen,
und von des Lichtes Überfülle mehr
und mehr sich Anschein und Kontur entschärfen.

Hoch steht die Sonne, – trocken liegt das Bett
des Flusses, und mein Tag ist nicht vergangen:
Die schönere Stunde liegt jenseits der Mauer
in einem fahlen Dämmerlicht gefangen.

Die Trockenheit geht um; der Martinsvogel
kreist flatternd um ein Restchen Leben.
Der gute Regen kommt von fern gezogen,
jedoch im Warten ist das Glück gegeben.

Forse un mattino andando in un'aria di vetro,
arida, rivolgendomi, vedrò compirsi il miracolo:
il nulla alle mie spalle, il vuoto dietro
di me, con un terrore di ubriaco.

Poi come s'uno schermo, s'accamperanno di gitto
alberi case colli per l'inganno consueto.
Ma sarà troppo tardi; ed io me n'andrò zitto
tra gli uomini che non si voltano, col mio segreto.

Eines Morgens vielleicht, schreitend in einer Luft,
gläsern und dürr, wend ich mich um und sehe
sich das Wunder vollziehn, das Nichts mir zur Seite,
Leere im Rücken, mit der Angst des Betrunkenen.

Dann wie auf einem Bildschirm lagern sich plötzlich
Bäume, Häuser und Hügel, wie in gewohntem Trug.
Doch dann ist es zu spät; und schweigsam geh ich
unter den Menschen, die nie sich wenden, mit meinem
Geheimnis.

La farandola dei fanciulli sul greto
era la vita che scoppia dall'arsura.
Cresceva tra rare canne e uno sterpeto
il cespo umano nell'aria pura.

Il passante sentiva come un supplizio
il suo distacco dalle antiche radici.
Nell'età d'oro florida sulle sponde felici
anche un nome, una veste, erano un vizio.

Der Reigen der Kinder im Flußbett
war das Leben, das aus der Dürre hervorbrach.
Es wuchs zwischen schütterem Rohr und Gesträuch
der menschliche Stamm an der reinen Luft.

Der Wanderer fühlt' es wie Todesstrafe,
so getrennt zu sein von den einstigen Wurzeln.
Im Goldenen Alter, blühend an glücklichen Ufern,
ward auch ein Name, ein Kleid Unsitte genannt.

Cigola la carrucola del pozzo,
l'acqua sale alla luce e vi si fonde.
Trema un ricordo nel ricolmo secchio,
nel puro cerchio un'immagine ride.
Accosto il volto a evanescenti labbri:
si deforma il passato, si fa vecchio,
appartiene ad un altro ...
Ah che già stride
la ruota, ti ridona all'atro fondo,
visione, una distanza ci divide.

Des Brunnens Rolle hör' ich kreischen,
das Wasser steigt ans Licht, zergeht am Licht.
Ein Rückblick zittert im gefüllten Eimer,
im reinen Runde lacht ein Bild.
Das Antlitz nähernd Lippen, die zerrinnen:
Wird formlos das Vergangene, wird alt
und einem anderen zugehörig ...
wieder, ach, das Rad
beginnt zu kreischen, gibt dem schwarzen Grunde
zurück dich Traumbild, Tiefe trennt uns.

Arremba su la strinata proda
le navi di cartone, e dormi,
fanciulletto padrone: che non oda
tu i malevoli spiriti che veleggiano a stormi.

Nel chiuso dell'ortino svolacchia il gufo
e i fumacchi dei tetti sono pesi.
L'attimo che rovina l'opera lenta di mesi
giunge: ora incrina segreto, ora divelge in un buffo.

Viene lo spacco; forse senza strepito.
Chi ha edificato sente la sua condanna.
È l'ora che si salva solo la barca in panna.
Amarra la tua flotta tra le siepi.

Auf dem geschwärzten Bettrand entere deine
Schiffchen aus Pappe, mein Kind, und schlafe,
Kap'tän, daß du nicht hörest die bösen Geister
in Schwärmen segeln vor deinem Hafen.

Im Gehege des Gärtchens flattert die Eule,
und die Rauchschwaden liegen schwer auf dem Dach.
Der Augenblick naht, der das Werk geduldiger Weile
zerstört: sei's daß er's heimlich verletze oder gänzlich
zerbrach.

Hernieder fährt die Axt; unhörbar vielleicht.
Wer gebaut hat, fühlt sein Urteil mit Schrecken.
Und jetzt rettet sich nur, wer die Segel reffte.
Verankere deine Flotte im Schutze der Hecken.

Antico, sono ubriacato dalla voce
ch'esce dalle tue bocche quando si schiudono
come verdi campane e si ributtano
indietro e si disciolgono.
La casa delle mie estati lontane
t'era accanto, lo sai,
là nel paese dove il sole cuoce
e annuvolano l'aria le zanzare.
Come allora oggi in tua presenza impietro,
mare, ma non più degno
mi credo del solenne ammonimento
del tuo respiro. Tu m'hai detto primo
che il piccino fermento
del mio cuore non era che un momento
del tuo; che mi era in fondo
la tua legge rischiosa: esser vasto e diverso
e insieme fisso:
e svuotarmi così d'ogni lordura
come tu fai che sbatti sulle sponde
tra sugheri alghe asterie
le inutili macerie del tuo abisso.

Uralter, ich bin berauscht von der Stimme,
die aus deinen Mündern dringt, wenn sie sich auftun
wie grüne Glocken und zurück
sich werfen und schmelzen.
An deiner Seite stand, du weißt es,
das Haus meiner fernen Sommer
dort in dem Land, wo die Sonne kocht
und Moskitos die Luft umwölken.
Wie einst so heute versteinert mich dein Dasein,
Meergott, aber nicht würdiger
glaube ich mich der feierlichen Mahnung
deines Odems. Du hast mich zuerst gelehrt,
daß die winzige Gärung
meines Herzens nur ein Moment war
des deinen; daß tief in mir
dein gefahrvoll Gesetz lag: weit zu sein und verschieden
und doch im Grunde beständig:
Und mich so zu befreien von all dem Unrat
wie du, wenn auf die Gestade du schleuderst
Kork, Algen und Seestern,
den unnützen Trödel des Abgrunds.

Giunge a volte, repente,
un'ora che il tuo cuore disumano
ci spaura e dal nostro si divide.
Dalla mia la tua musica sconcorda,
allora, ed è nemico ogni tuo moto.
In me ripiego, vuoto
di forze, la tua voce pare sorda.
M'affisso nel pietrisco
che verso te digrada
fino alla ripa acclive che ti sovrasta,
franosa, gialla, solcata
da strosce d'acqua piovana.
Mia vita è questo secco pendio,
mezzo non fine, strada aperta a sbocchi
di rigagnoli, lento franamento.
È dessa, ancora, questa pianta
che nasce dalla devastazione
e in faccia ha i colpi del mare ed è sospesa
fra erratiche forze di venti.
Questo pezzo di suolo non erbato
s'è spaccato perché nascesse una margherita.
In lei titubo al mare che mi offende,
manca ancora il silenzio nella mia vita.
Guardo la terra che scintilla,
l'aria è tanto serena che s'oscura.
E questa che in me cresce
è forse la rancura
che ogni figliuolo, mare, ha per il padre.

Unversehens kommt manchmal
eine Stunde, da dein Herz, das unmenschliche,
uns ängstigt und sich trennt von dem unsren.
Mißlich stimmt dein Lied zu dem meinen
alsdann, und feindlich verspüre ich jegliche Regung
deiner Fluten. Zurück in mich selbst
sinke ich kraftlos, und deine Stimme hallt dumpf.
Ich kralle mich in das Geröll,
das sich mählich dir zuneigt
bis zu dem stürzenden Ufer, das über dir steht
brüchig, gelb und zerfurcht
von den Gräben des Regenwassers.
Wie dieser trockene Hang ist mein Leben,
Mittel nicht Zweck, Straße die offenliegt
jeglichem Rinnsal, langsamer Erdrutsch.
Und zugleich auch die Pflanze,
die aus der Verwüstung keimt
und im Angesicht trägt den Schlag der Wogen und schwebt
in der Willkür der Sturmesgewalten.
Dieses Stück Boden, unbewachsen vom Grase,
zerklaffte, damit aus ihm eine Margerite erblühe.
In ihr schwank' ich zur Flut, die mich höhnet,
noch fehlt in meinem Dasein das Schweigen.
Ich blicke zur Erde, die funkelt,
so hell ist die Luft, daß sie dunkelt.
Und was aufwächst in mir,
ist vielleicht der Groll,
den jeder Sohn, o Meer, für den Vater hegt.

Potessi almeno costringere
in questo mio ritmo stento
qualche poco del tuo vaneggiamento;
dato mi fosse accordare
alle tue voci il mio balbo parlare: –
io che sognava rapirti
le salmastre parole
in cui natura ed arte si confondono,
per gridar meglio la mia malinconia
di fanciullo invecchiato che non doveva pensare.
Ed invece non ho che le lettere fruste
dei dizionari, e l'oscura
voce che amore detta s'affioca …

Könnt ich in meine mühevollen
Rhythmen nur etwas zwingen
deines gewaltigen Raunens;
wäre mir doch gegeben, mein Stammeln
auf deinen Gesang zu stimmen: –
ich, der ich träumte, dir
die salzigen Worte zu rauben,
darin Natur und Kunst sich vereinen,
um besser auszurufen die Wehmut
des gealterten Kindes, dem zu denken versagt war.
Nichts hab' ich indes als die dürren
Lettern der Wörterbücher, und die dunkle
Stimme, die Liebe diktieret,[1]
erstirbt …

Egloga

Perdersi nel bigio ondoso
dei miei ulivi era buono
nel tempo andato – loquaci
di riottanti uccelli
e di cantanti rivi.
Come affondava il tallone
nel suolo screpolato,
tra le lamelle d'argento
dell'esili foglie. Sconnessi
nascevano in mente i pensieri
nell'aria di troppa quiete.

Ora è finito il cerulo marezzo.
Si getta il pino domestico
a romper la grigiura;
brucia una toppa di cielo
in alto, un ragnatelo
si squarcia al passo: si svincola
d'attorno un'ora fallita.
È uscito un rombo di treno,
non lunge, ingrossa. Uno sparo
si schiaccia nell'etra vetrino.
Strepita un volo come un acquazzone,
venta e vanisce bruciata
una bracciata di amara
tua scorza, istante: discosta
esplode furibonda una canea.

Ekloge

Verlorengehn im wogenden Grau
meiner Oliven war gut
in vergangener Zeit – beredt
war der Hain vom Hader der Vögel
und dem Gesang der Bäche.
Wie die Ferse versank
im rissigen Boden,
in der silbernen Spreu
der gebrechlichen Blätter. Zerstreut
wuchsen im Geist die Gedanken
an der allzu reglosen Luft.

Nun ist das geflammte Lichtblau dahin,
aufbäumt sich die Küstenkiefer,
das schaumige Grau zu durchbrechen;
hoch droben brennt ein Flicken
Himmel, eine Spinnwebe
zerklafft im Schritt: und rings
steigt aus den Fesseln die mißglückte Stunde.
Das Rollen eines Zuges tönt
nicht weit von hier, schwillt an. Ein Schuß
zerschellt im glasigen Äther.
Ein Vogelschwarm rauscht auf wie Wolkenbruch,
es weht verbrannt und schwindet
ein Armvoll deiner bitteren
Rinde, o Augenblick: Zur Seite
zerplatzt das wütende Gekläff der Meute.

Tosto potrà rinascere l'idillio.
S'è ricomposta la fase che pende
dal cielo, riescono bende
leggere fuori ...;
il fitto dei fagiuoli
n'è scancellato e involto.
Non serve più rapid'ale,
né giova proposito baldo;
non durano che le solenni cicale
in questi saturnali del caldo.
Va e viene un istante in un folto
una parvenza di donna.
È disparsa, non era una Baccante.

Sul tardi corneggia la luna.
Ritornavamo dai nostri
vagabondari infruttuosi.
Non si leggeva più in faccia
al mondo la traccia
della frenesia durata
il pomeriggio. Turbati
discendevamo tra i vepri.
Nei miei paesi a quell'ora
cominciano a fischiare le lepri.

Bald kann das Idyll sich erneuern.
Die Stimmung, die vom Himmel hängt,
ist wieder ganz, und zarte Bänder gehen
daraus hervor …;
das Bohnendickicht
wird davon ausgelöscht und eingehüllt.
Die schnellen Schwingen sind zu nichts mehr nütze,
und kühner Vorsatz ohne Wert;
ausdauern nur die feierlichen Grillen
in diesem Saturnalienrausch der Hitze.
Der Anschein einer Frau
geht flüchtig durchs Gebüsch.
Verschwunden schon, es war keine Bacchantin.

Später hörnt sich der Mond.
Wir kehren zurück
von unserem fruchtlosen Schweifen.
Und lasen im Antlitz der Straße
nicht eine Spur der Ekstase
des Nachmittags. Verwirrt
stiegen wir abwärts durch Vesperglocken.
Bei mir daheim, um diese Stunde,
beginnen die Hasen zu pfeifen.

Flussi

I fanciulli con gli archetti
spaventano gli scriccioli nei buchi.
Cola il pigro sereno nel riale
che l'accidia sorrade,
pausa che gli astri donano ai malvivi
camminatori delle bianche strade.
Alte tremano guglie di sambuchi
e sovrastano al poggio
cui domina una statua dell'Estate
fatta camusa da lapidazioni;
e su lei cresce un roggio
di rampicanti ed un ronzio di fuchi.
Ma la dea mutilata non s'affaccia
e ogni cosa si tende alla flottiglia
di carta che discende lenta il vallo.
Brilla in aria una freccia,
si configge s'un palo, oscilla tremula.
La vita è questo scialo
di triti fatti, vano
più che crudele.
                                        Tornano
le tribù dei fanciulli con le fionde
se è scorsa una stagione od un minuto,
e i morti aspetti scoprono immutati
se pur tutto è diruto
e più dalla sua rama non dipende
il frutto conosciuto.

Strömungen

Mit kleinen Bögen schrecken
Kinder den Zaunkönig auf im Mauerwinkel.
Träge rinnt Klarheit im Bachbett, darüber
Schläfrigkeit streicht,
Rast, die die Sterne schenken den mühsam lebenden
Wanderern auf weißen Straßen.
Droben zittern die Spitzen der Holderbäume,
ragend über dem Hügel, auf dem sich
ein Standbild des Sommers erhebt,
stumpfnäsig blickend von häufigem Steinwurf;
und daran wächst empor ein Rot von
Kletterpflanzen und das Summen der Drohnen.
Doch die verwundete Göttin neigt sich nicht her,
und jegliches Ding strebt der papiernen Flottille
zu, die langsam zu Tal treibt.
Ein Pfeil blitzt auf in der Luft,
bohrt sich in einen Pfahl, schwankt und federt.
Das Leben ist solch ein Aufwand
verbrauchter Dinge, vergeblicher
noch als grausam.
Es kehren
die Schwärme der Kinder zurück mit den Schleudern,
ob ein Sommer verging oder ein Augenblick,
und entdecken unverändert die toten Aspekte,
wenn auch alles zerfiel
und nicht mehr vom Zweig
hängt die vertraute Frucht.

– Ritornano i fanciulli . . .; così un giorno
il giro che governa
la nostra vita ci addurrà il passato
lontano, franto e vivido, stampato
sopra immobili tende
da un'ignota lanterna. –
E ancora si distende
un dòmo celestino ed appannato
sul fitto bulicame del fossato:
e soltanto la statua
sa che il tempo precipita e s'infrasca
vie più nell'accesa edera.
E tutto scorre nella gran discesa
e fiotta il fosso impetuoso tal che
s'increspano i suoi specchi:
fanno naufragio i piccoli sciabecchi
nei gorghi dell'acquiccia insaponata.
Addio! – fischiano pietre tra le fronde,
la rapace fortuna è già lontana,
cala un'ora, i suoi volti riconfonde, –
e la vita è crudele più che vana.

– Die Kinder sind wieder da …; so wird eines Tages
der Kreis, der unser Leben regiert,
uns wiederbringen die ferne
Vergangenheit, in Trümmern lebendig, auf stumme
Gardinen geprägt von
unsichtbarer Lampe. –
Und immer noch weitet
ein bläulich verschleierter Dom sich
über dem quirlenden Wachstum des Grabens:
Und nur das steinerne Bildnis
weiß, daß die Zeit dahinstürzt und sich
um so dichter verfängt im leuchtenden Efeu.
So fließt alles hinab den großen Hang
und stürmisch flutet der Graben,
daß seine Flächen sich ballen:
Kentern müssen die kleinen Schaluppen
in den Wirbeln seifiger Bracke.
Lebt wohl! – durchs Laubwerk zischen die Steine,
das räuberische Glück ist fern schon,
die Stunde sinkt, die alle Gesichter verschmilzt, –
und das Leben ist grausamer noch als vergeblich.

Arsenio

I turbini sollevano la polvere
sui tetti, a mulinelli, e sugli spiazzi
deserti, ove i cavalli incappucciati
annusano la terra, fermi innanzi
ai vetri luccicanti degli alberghi.
Sul corso, in faccia al mare, tu discendi
in questo giorno
or piovorno ora acceso, in cui par scatti
a sconvolgerne l'ore
uguali, strette in trama, un ritornello
di castagnette.

È il segno d'un'altra orbita: tu seguilo.
Discendi all'orizzonte che sovrasta
una tromba di piombo, alta sui gorghi,
più d'essi vagabonda: salso nembo
vorticante, soffiato dal ribelle
elemento alle nubi; fa che il passo
su la ghiaia ti scricchioli e t'inciampi
il viluppo dell'alghe: quell' istante
è forse, molto atteso, che ti scampi
dal finire il tuo viaggio, anello d'una
catena, immoto andare, oh troppo noto
delirio, Arsenio, d'immobilità ...

Ascolta tra i palmizi il getto tremulo
dei violini, spento quando rotola

Arsenio

Wirbel heben den Staub auf den Dächern,
kreiselförmig, und auf den Plätzen, den öden,
wo die Pferde, die Köpfe bedeckt mit Kapuzen
und den Boden beschnuppernd, harren
vor den blanken, gläsernen Fronten der Hotels.
Auf den Korso steigst du hinab, im Angesicht
des Meers, an diesem Tage,
bald regnerisch, bald erleuchtet, an dem
es scheint, als erschalle,
nur um der Stunden festgefügten Gang zu erschüttern,
ein Geprassel von Kastagnetten.

Das ist ein Zeichen anderer Sternbahn: Folg' ihm.
Zum Horizont steig hinab, darüber
bleiern des Sturmes Säule steht, hoch über
den Wasserwirbeln und schweifender noch als sie:
Strudelnder Salzdunst, den die empörte Flut
gen Himmel schnaubt; laß deinen Schritt
im Kiese knirschen, der Algen Geflecht ihn
umfangen: Diese Sekunde ist es vielleicht,
die lang erwartet dich rettet, die Reise
zu enden, Glied einer Kette, unbewegliches
Schreiten, o allzu bekannter Rausch, Arsenio,
ewigen Stillstands …

Unter Palmen lausche dem bebenden Guß
der Geigen, erlöschend, sobald der Donner

il tuono con un fremer di lamiera
percossa; la tempesta è dolce quando
sgorga bianca la stella di Canicola
nel cielo azzurro e lunge par la sera
ch'è prossima: se il fulmine la incide
dirama come un albero prezioso
entro la luce che s'arrosa: e il timpano
degli tzigani è il rombo silenzioso.

Discendi in mezzo al buio che precipita
e muta il mezzogiorno in una notte
di globi accesi, dondolanti a riva, –
e fuori, dove un'ombra sola tiene
mare e cielo, dai gozzi sparsi palpita
l'acetilene –
finché goccia trepido
il cielo, fuma il suolo che s'abbevera,
tutto d'accanto ti sciaborda, sbattono
le tende molli, un frùscio immenso rade
la terra, giù s'afflosciano stridendo
le lanterne di carta sulle strade.

Così sperso tra i vimini e le stuoie
grondanti, giunco tu che le radici
con sé trascina, viscide, non mai
svelte, tremi di vita e ti protendi
a un vuoto risonante di lamenti
soffocati, la tesa ti ringhiotte
dell'onda antica che ti volge; e ancora

dröhnt wie geschlagenes Stahlblech; mild
ist der Sturm, wenn weiß das Gestirn
der Hundstagsglut am azurnen Himmel quillt
und fern der Abend scheint, der doch
ganz nahe: wenn der Blitzstrahl ihn ritzt,
treibt er neues Gezweig wie ein kostbarer Baum
in rosenfarbenem Licht: und das leise Gedröhn
rührt von der Zigeunertrommel.

Steige hinab auch im Dunkel, das den Mittag
stürzt und verwandelt in eine Nacht aus
leuchtenden Ampeln, die am Ufer sich wiegen, –
und draußen, wo ein einziger Schatten Himmel
und Meer zusammenfaßt, blinkt aus den Fischerbooten
das Azetylen –
bis es zaghaft zu tröpfeln beginnt,
die Erde sich dampfend tränkt, alles umher dich
schüttelt, die schlaffen Vorhänge flattern,
ein ungeheures Flüstern die Erde streift,
die Papierlaternen auf den Straßen
knirschend in sich zusammensinken.

Also verirrt zwischen Rohrstuhl und triefenden
Matten, schwankendes Reis, das seine schleimigen,
nie gejäteten Wurzeln mit sich schleppt,
schauert es dich vor Leben und strebst du
nach einer Leere, die widertönt von erstickten
Klagen, verschlingen erneut dich die Fänge
der alten Woge, in der du rollst; und wieder

tutto che ti riprende, strada portico
mura specchi ti figge in una sola
ghiacciata moltitudine di morti,
e se un gesto ti sfiora, una parola
ti cade accanto, quello è forse, Arsenio,
nell'ora che si scioglie, il cenno d'una
vita strozzata per te sorta, e il vento
la porta con la cenere degli astri.

läßt alles, was dich erfaßt, ob Straße,
Torbogen, Mauer und Spiegel, dich erstarren in einer
eisigen Vielheit der Toten,
und wenn eine Geste dich streift, ein Wort
neben dich fällt, so ist das vielleicht, Arsenio,
in zerrinnender Stunde der Wink eines
zerstörten Lebens, das für dich erstand, und der Wind
trägt es herbei mit der Asche der Sterne.

Casa sul mare

Il viaggio finisce qui:
nelle cure meschine che dividono
l'anima che non sa più dare un grido.
Ora i minuti sono eguali e fissi
come i giri di ruota della pompa.
Un giro: un salir d'acqua che rimbomba.
Un altro, altr'acqua, a tratti un cigolio.

Il viaggio finisce a questa spiaggia
che tentano gli assidui e lenti flussi.
Nulla disvela se non pigri fumi
la marina che tramano di conche
i soffi leni: ed è raro che appaia
nella bonaccia muta
tra l'isole dell'aria migrabonde
la Corsica dorsuta o la Capraia.

Tu chiedi se così tutto vanisce
in questa poca nebbia di memorie;
se nell'ora che torpe o nel sospiro
del frangente si compie ogni destino.
Vorrei dirti che no, che ti s'appressa
l'ora che passerai di là dal tempo;
forse solo chi vuole s'infinita,
e questo tu portrai, chissà, non io.
Penso che per i più non sia salvezza,
ma taluno sovverta ogni disegno,

Haus am Meer

Die Reise geht hier zu Ende:
in den kleinlichen Sorgen, von denen die Seele
zerteilt wird, die keinen Schrei mehr zu tun weiß.
Nun sind die Minuten gleich und starr
wie die Drehung des Pumpenrades.
Eine Drehung: ein Steigen von Wasser, das plätschert.
Eine weitere, weiteres Wasser und manchmal ein
Kreischen.

Die Reise endet an diesem Strande, um den
die beharrlichen, langsamen Fluten werben.
Nichts enthüllt, wenn nicht träge Nebel,
den Ufersaum, den milde Brisen mit Muscheln
besticken: und nur selten erscheinen
bei gutem Meer in der Stille
unter den schweifenden Inseln der Luft
das hochrückige Korsika, das Eiland Capraia.

Du fragst, ob alles so entschwindet
in diesem spärlichen Nebel der Erinnerungen;
ob in der lähmenden Stunde oder im Atem
der Woge sich jedes Schicksal erfüllt.
Ich möchte dir sagen nein, daß dir nahet
die Stunde, da du hinaustrittst über die Zeit;
vielleicht wird unendlich nur, wer es will,
und dies vermagst du vielleicht, nicht ich.
Ich denke, daß für die meisten kein Heil ist,
doch daß einer manchmal alle Planung

passi il varco, qual volle si ritrovi.
Vorrei prima di cedere segnarti
codesta via di fuga
labile come nei sommossi campi
del mare spuma o ruga.
Ti dono anche l'avara mia speranza.
A' nuovi giorni, stanco, non so crescerla:
l'offro in pegno al tuo fato, che ti scampi.

Il cammino finisce a queste prode
che rode la marea col moto alterno.
Il tuo cuore vicino che non m'ode
salpa già forse per l'eterno.

durchbricht, den Paß überschreitet und sich
wiederfindet, wie er gewollt. Bevor ich weiche,
möchte ich diesen Fluchtweg
dir weisen, der unstet ist wie im aufgepflügten Felde
des Meeres Schaum oder Furche.
Ich schenke dir auch meine karge Hoffnung.
Sie neuem Tag zu züchten, bin ich müde:
Nimm sie als Pfand des Schicksals, das dich rette.

Der Weg an diesen Ufern endet,
benagt von der Fluten Kommen und Gehn.
Dein Herz, das nah mir und mich doch nicht hört,
stach vielleicht schon zur Ewigkeit in See.

Delta

La vita che si rompe nei travasi
secreti a te ho legata:
quella che si dibatte sé e par quasi
non ti sappia, presenza soffocata.

Quando il tempo s'ingorga alle sue dighe
la tua vicenda accordi alla sua immensa,
ed affiori, memoria, più palese
dall'oscura regione ove scendevi,
come ora, al dopopioggia, si riaddensa
il verde ai rami, ai muri il cinabrese.

Tutto ignoro di te fuor del messaggio
muto che mi sostenta sulla via:
se forma esisti o ubbia nella fumea
d'un sogno t'alimenta
la riviera che infebbra, torba, e scroscia
incontro alla marea.

Nulla di te nel vacillar dell'ore
bige o squarciate da un vampo di solfo
fuori che il fischio del rimorchiatore
che dalle brume approda al golfo.

Delta

Das Leben, das sich heimlich in den Bahnen
des Blutes bricht, habe ich dir geweiht:
Das mit sich selber ringt und nicht zu ahnen
scheint, wer du bist, stumme Anwesenheit.

Wenn die Zeit sich staut an ihren Deichen,
stimmst du dein Schicksal auf ihr ungemeines,
und kehrst zurück, Gedächtnis, offenbarer
aus jenem dunklen Reich, in das du stiegst,
wie dichter jetzt, nachdem der Regen fiel, erglänzen
das Grün der Zweige und das Rot der Mauern.

Mehr weiß ich nicht von dir als diese Botschaft,
die schweigend mich auf meinem Wege stützt:
Ob du Gestalt bist oder nur als Wahn
dich nährt in Traumesnebel
der Strand, der trüb und fiebrig macht und schäumt
der Flut entgegen.

Mehr nicht von dir im Schwanken der Minuten,
die grau sind und vom Schwefelblitz zerklüftet,
als eines Schleppers ängstlich Tuten,
der aus dem Nebel in den Hafen triftet.

Incontro

Tu non m'abbandonare mia tristezza
sulla strada
che urta il vento forano
co' suoi vortici caldi, e spare; cara
tristezza al soffio che si estenua: e a questo,
sospinta sulla rada
dove l'ultime voci il giorno esala
viaggia una nebbia, alta si flette un'ala
di cormorano.

La foce è allato del torrente, sterile
d'acque, vivo di pietre e di calcine;
ma più foce di umani atti consunti,
d'impallidite vite tramontanti
oltre il cinfine
che a cerchio ci rinchiude: visi emunti,
mani scarne, cavalli in fila, ruote
stridule: vite no: vegetazioni
dell'altro mare che sovrasta il flutto.

Si va sulla carraia di rappresa
mota senza uno scarto,
simili ad incappati di corteo,
sotto la volta infranta ch'è discesa
quasi a specchio delle vetrine,
in un'aura che avvolge i nostri passi
fitta e uguaglia i sargassi

Begegnung

Verlaß mich nicht, du meine Traurigkeit,
hier auf der Straße,
die der fremde Wind
mit warmen Wirbeln überfällt und läßt; Trauer, lieb
dem Windstoß, der sich schnell erschöpft: Und diesem,
auf hohem Meere zugetrieben,
wo die letzten Stimmen des Tages verhauchen,
reist ein Nebel, regt sich hoch der Flügel
eines Kormorans.

Die Mündung seitwärts liegt vom Fluß, der karg
an Wasser, lebt von Stein und Mörtel;
doch Mündung mehr verbrauchten Tuns der Menschen,
verblichener Leben, die im Untergehn
jenseits der Grenze,
die uns rings umschließt: Gesichter ausgezehrte,
hagere Hände, Pferde gehn in Reihen, Räder
kreischen: Leben keine: Wucherungen
des anderen Meers, das dieses überragt.

Man geht in Karrenspuren aus gestocktem
Schlamme ohne Ausweg,
Vermummten eines Trauerzuges gleich
unter der eingestürzten Wölbung, die
sich spiegelt in den Ladenfenstern,
in einer Brise, die den Schritt umfängt,
dicht und dem Seegras gleich, dem menschlichen,

umani fluttuanti alle cortine
dei bambù mormoranti.

Se mi lasci anche tu, tristezza, solo
presagio vivo in questo nembo, sembra
che attorno mi se effonda
un ronzio qual di sfere quando un'ora
sta per scoccare;
e cado inerte nell'attesa spenta
di chi non sa temere
su questa proda che ha sorpresa l'onda
lenta, che non appare.

Forse riavrò un aspetto: nella luce
radente un moto mi conduce accanto
a una misera fronda che in un vaso
s'alleva s'una porta di osteria.
A lei tendo la mano, e farsi mia
un'altra vita sento, ingombro d'una
forma che mi fu tolta; e quasi anelli
alle dita non foglie mi si attorcono
ma capelli.

Poi più nulla. Oh sommersa!: tu dispari
qual sei venuta, e nulla so di te.
La tua vita è ancor tua: tra i guizzi rari
dal giorno sparsa già. Prega per me
allora ch'io discenda altro cammino
che una via di città,
nell'aria persa, innanzi al brulichio
dei vivi; ch'io ti senta accanto; ch'io
scenda senza viltà.

das um die knisternden Portieren
aus Bambus treibt.

So auch du mich verlässest, Traurigkeit,
Ahnung des Lebens du allein in dieser
Gewitterwolke, scheint um mich ein Summen
sich auszubreiten wie vom Räderwerk, das anhebt
zum Schlag der Stunde;
und ich falle kraftlos in das stumpfe Warten
des, der die Furcht verlernt
am Ufer hier, das langsam und unmerklich
die Woge überkam.

Vielleicht wird mir ein Aussehn wieder:
Im Licht, das schräg fällt, führt mich eine Regung
an ein armselig Reis, das vor der Tür der Schenke
aus einem Kübel strebt. Nach ihm streck ich
die Hand und fühle, wie ein anderes Leben
zu meinem wird, mit einer Form beladen,
die mir abhanden kam; und fast wie Ringe
winden sich um die Finger mir nicht Blätter
sondern Haupthaar.

Und dann nichts mehr. O du Versunkene!:
du schwindest hin wie du gekommen, und nichts
weiß ich von dir. Dein Leben ist noch dein:
Im kargen Lichte, das der Tag schon streut.
Bitte für mich, wenn anderen Weg hinab
ich steige als die Straße
der Stadt, in dünner Luft, voran dem Wimmeln
der Lebenden; daß ich dich nahe fühle; daß ich
nicht feige sei, wenn es hinabgeht.

AUS DEM BAND »LE OCCASIONI« 1928–1939

Carnevale di Gerti

Se la ruota s'impiglia nel groviglio
delle stelle filanti ed il cavallo
s'impenna tra la calca, se ti nevica
sui capelli e le mani un lungo brivido
d'iridi trascorrenti o alzano i bimbi
le flebili ocarine che salutano
il tuo viaggio ed i lievi echi si sfaldano
giù dal ponte sul fiume,
se si sfolla la strada e ti conduce
in un mondo soffiato entro una tremula
bolla d'aria e di luce dove il sole
saluta la tua grazia – hai ritrovato
forse la strada che tentò un istante
il piombo fuso a mezzanotte quando
finì l'anno tranquillo senza spari.

Ed ora vuoi sostare dove un filtro
fa spogli i suoni
e ne deriva i sorridenti ed acri
fumi che ti compongono il domani:
ora chiedi il paese dove gli onagri
mordano quadri di zucchero alle tue mani
e i tozzi alberi spuntino germogli
miracolosi al becco dei pavoni.

(Oh il tuo Carnevale sarà più triste
stanotte anche del mio, chiusa fra i doni

Gertis Karneval

Wenn sich das Rad verfängt im wirren Geflecht
der Papierschlangen, wenn das Pferd
sich bäumt im Gewühl, auf Haar und Hände
buntes Konfetti dir schneit
in länglichen Schauern, oder die Kinder
erheben die Okarinen, mit weinerlichem Getön
die Reisenden grüßend, und ihr Echo dünn
von der Brücke bröckelt hinab in den Fluß,
wenn dann der Schwarm sich verliert und die Straße
dich geleitet in eine Welt, gehaucht
zu einer bebenden Kugel aus Luft und Licht,
darin die Sonne huldigt deiner Anmut – vielleicht
fandest zurück du zu jenem Wege, den
das geschmolzene Blei um Mitternacht flüchtig gewagt,
als das Jahr sich neigte geruhsam und ohne Festlärm.

Und nun gedenkst du zu rasten dort, wo ein Filter
alle Geräusche entkleidet,
doch die Tönungen wahrt, lächelnd und herb,
daraus dein Morgen sich fügt:
Sehnst das Land nun herbei, wo aus den Händen
Zuckerwürfel die Wildesel knabbern
und gedrungene Bäume den Schnäbeln der Pfaun
herrliche Knospen reichen.

(O dein Karneval wird heute nacht noch
trauriger sein als der meine, umstellt von Geschenken,

tu per gli assenti: carri dalle tinte
di rosolio, fantocci ed archibugi,
palle di gomma, arnesi da cucina
lillipuziani: l'urna li segnava
a ognuno dei lontani amici l'ora
che il Gennaio si schiuse e nel silenzio
si compì il sortilegio. È Carnevale
o il Dicembre s'indugia ancora? Penso
che se tu muovi la lancetta al piccolo
orologio che rechi al polso, tutto
arretrerà dentro un disfatto prisma
babelico di forme e di colori ...)

E il Natale verrà e il giorno dell' Anno
che sfolla le caserme e ti riporta
gli amici spersi, e questo Carnevale
pur esso tornerà che ora ci sfugge
tra i muri che si fendono già. Chiedi
tu di fermare il tempo sul paese
che attorno si dilata? Le grandi ali
screziate ti sfiorano, le logge
sospingono all'aperto esili bambole
bionde, vive, le pale dei mulini
rotano fisse sulle pozze garrule.
Chiedi di trattenere le campane
d'argento sopra il borgo e il suono rauco
delle colombe? Chiedi tu i mattini
trepidi delle tue prode lontane?

die du den Fernen bestimmt: Wagen, gefärbt
wie Likör, Hampelmänner und Armbrust,
Gummibälle, winziges Küchengerät:
Die Urne wies einem jeden sie zu der fernen
Freunde, zur Zeit da der Januar schloß und im Stillen
sich das Schicksal vollzog. Ist das der Fasching
oder säumt der Dezember noch? Ich denke,
wenn du den Zeiger verrückst des zierlichen Ührchens,
das am Pulse du trägst, strömt alles
in einem hundertfältigen Prisma
aufgelöster Formen und Farben zurück ...)

Kommen wird Weihnachten auch und der Neujahrstag,
der die Kasernen leert und dir die verstreuten
Freunde zurückbringt, und dieser Karneval auch
kehrt zurück, der jetzt uns entflieht
durch die schon berstenden Mauern. Willst du
der Zeit gebieten, zu weilen über dem Land,
das rings sich breitet? Die großen gefleckten
Flügel streifen dich nah, aus den Lauben
drängen ins Freie zarte Puppen, blond
und lebendig, die Schaufeln der Mühlen
drehen sich starr über geschwätzigen Teichen.
Willst du ihn halten, den Klang der silbernen
Glocken über dem Dorfe, das rauhe Gurren
der Tauben? Verlangt es dich auch nach dem zaghaften
Frühlicht deiner fernen Gestade?

Come tutto si fa strano e difficile,
come tutto è impossibile, tu dici.
La tua vita è quaggiù dove rimbombano
le ruote dei carriaggi senza posa
e nulla torna se non forse in questi
disguidi del possibile. Ritorna
là fra i morti balocchi ove è negato
pur morire; e col tempo che ti batte
al polso e all'esistenza ti ridona,
tra le mura pesanti che non s'aprono
al gorgo degli umani affaticato,
torna alla via dove con te intristisco,
quella che additò un piombo raggelato
alle mie, alle tue sere:
torna alle primavere che non fioriscono.

Wie seltsam wird alles, sagst du, und schwierig,
wie unmöglich alles. Hier auf der Erde
ist dein Leben, wo unaufhörlich
die Räder der Lastzüge dröhnen,
und nichts wiederkehrt, es sei denn in
fehlgeleiteten Möglichkeiten wie diesen.
Kehre zurück zu dem leblosen Tand, wo auch
das Sterben verwehrt ist; und mit der Zeit,
die am Pulse dir schlägt und neu dem Leben dich schenkt,
zwischen den wuchtigen Mauern, die dem Strudel
menschlicher Mühsal nicht Einlaß gewähren,
kehre zum Wege zurück, den wir traurig gehen
gemeinsam, den das geronnene Blei
meinen Abenden wies und den deinen:
kehre zurück zu den Lenzen, den blütelosen.

A Liuba che parte

Non il grillo ma il gatto
del focolare
or ti consiglia, splendido
lare della dispersa tua famiglia.
La casa che tu rechi
con te ravvolta, gabbia o cappelliera?,
sovrasta i ciechi tempi come il flutto
arca leggera – e basta al tuo riscatto.

Abschied von Liuba

Nicht das Heimchen, sondern die Katze
des Herdes
ist dir Beraterin nun, glänzende
Lare deiner zerstreuten Familie.
Das Haus, das du trägst,
in dich gehüllt, Hutschachtel oder Käfig?,
ragt über die blinden Zeiten wie über den Fluß
ein leichter Bogen – genügt, dich zu retten.

Alla maniera di Filippo de Pisis nell' inviargli questo libro

... l'Arno balsamo fino.
Lapo Gianni

Una botta di stocco nel zig zag
del beccaccino –
e si librano piume su uno scrìmolo.

(Poi discendono là, fra sgorbiature
di rami, al freddo balsamo del fiume.)

In der Manier von Filippo de Pisis bei der Übersendung dieses Buches

... l'Arno balsamo fino.
Lapo Gianni

Ein Stoß mit dem Degen im Zickzack-Flug
der Schnepfe –
und Federn stäuben über fernstem First.

(Sinken dann herab durch das leichte Gekritzel
der Äste auf den kühlen Balsam des Flusses.)

Nel parco di Caserta

Dove il cigno crudele
si liscia e si contorce,
sul pelo dello stagno, tra il fogliame,
si risveglia una sfera, dieci sfere,
una torcia dal fondo, dieci torce,

– e un sole si bilancia
a stento nella prim'aria,
su domi verdicupi e globi a sghembo
d'araucaria,

che scioglie come liane
braccia di pietra, allaccia
senza tregua chi passa
e ne sfila dal punto più remoto
radici e stame.

Le nòcche delle Madri s'inaspriscono,
cercano il vuoto.

Im Park von Caserta

Wo der grausame Schwan
sich glättet und windet den Hals,
auf dem Spiegel des Teiches, unter dem Laub,
erwächst eine Kugel, dann zehn,
aus dem Grund eine Fackel, dann zehn,

– und eine Sonne wiegt sich
noch zögernd im Frühlicht,
über gründunklen Domen, schrägen Kuppeln
der Araukarie,

die wie Lianen öffnet
steinerne Arme, unablässig
den Wandler umschlingt
und aus seinem entferntesten Punkte
Wurzeln und Faden zieht.

Die Knöchel der Mütter regen sich schneller,
suchen das Leere.

Accelerato

Fu così, com' è il brivido
pungente che trascorre
i sobborghi e solleva
alle aste delle torri
la cenere del giorno,
com' è il soffio
piovorno che ripete
tra le sbarre l'assalto
ai salici reclini –
fu così fu tumulto nella dura
oscurità che rompe
qualche foro d'azzurro finché lenta
appaia la ninfale
Entella che sommessa
rifluisce dai cieli dell'infanzia
oltre il futuro –
poi vennero altri liti, mutò il vento,
crebbe il bucato ai fili, uomini ancora
uscirono all'aperto, nuovi nidi
turbarono le gronde –
fu così,
rispondi?

Personenzug

War es so wie der stechende
Schauer, der durch
die Vorstädte läuft und
zu den Fahnenschäften der Türme
die Asche des Tages emporweht,
so wie der regenfeuchte
Windstoß, der sich erneut
durch die Stäbe des Gitters auf
die scheuenden Weiden wirft –
war es so und war es ein Aufruhr, um in die harte
Finsternis nur wenige
Löcher Himmelsblau zu schlagen, bis langsam
Entella sich zeigte,
der Nymphenfluß, der leise
strömt von den Himmeln der Kindheit
über die Zukunft hinaus –
dann kamen andere Ufer, der Wind schlug um,
es wuchs an den Drähten die Wäsche, immer noch traten
Menschen ins Freie, neue Nester
verstopften die Rinnen –
war es nicht so,
gib Antwort?

Addii, fischi nel buio, cenni, tosse
e sportelli abbassati. È l'ora. Forse
gli automi hanno ragione. Come appaiono
dai corridoi, murati!

. . . .

– Presti anche tu alla fioca
litania del tuo rapido quest'orrida
e fedele cadenza di carioca? –

Abschiednehmen, Pfiffe im Dunkeln, Winken,
Husten, herabgelassene Fenster. Die Stunde ist da.
Vielleicht sind die Automaten im Recht. Wie sie
erscheinen, festgemauert im Gang!

. . . .

– Legst auch du in die heisere
Litanei deines Schnellzugs diese erschreckliche,
ewig gleiche Kadenz der Carioca? –

La speranza di pure rivederti
m'abbandonava;

e mi chiesi se questo che mi chiude
ogni senso di te, schermo d'immagini,
ha i segni della morte o dal passato
è in esso, ma distorto e fatto labile,
un tuo *barbaglio:*

(a Modena, tra i portici,
un servo gallonato trascinava
due sciacalli al guinzaglio).

Mich floh die Hoffnung, daß ich je
dich wiedersähe;

und ich fragte mich, trägt das,
was alles Fühlen deiner mir verschließt, der Bildschirm
des Todes Zeichen oder ist darin
aus der Vergangenheit, wenngleich verzerrt und schwach,
von *dir* ein Lichtschein:

(in Modena, unter den Lauben,
zog ein betreßter Diener
zwei Schakale an der Leine).

Il saliscendi bianco e nero dei
balestrucci dal palo
del telegrafo al mare
non conforta i tuoi crucci su lo scalo
né ti riporta dove più non sei.

Già profuma il sambuco fitto su
lo sterrato; il piovasco si dilegua.
Se il chiarore è una tregua,
la tua cara minaccia la consuma.

Das Auf und Nieder, Weiß und Schwarz
der Schwalben, die vom Pfahl
des Telegraphs zum Meere flattern,
lindert dir nicht auf diesem Steg die Qual,
noch führt es dich zurück, wo du einst warst.

Schon duftet der dichte Holunder
am Graben; das Regenwasser schwindet.
Wenn diese Lichtung Rast verkündet,
geht sie in deiner Liebe Drohung unter.

Ecco il segno; s'innerva
sul muro che s'indora:
un frastaglio di palma
bruciato dai barbagli dell'aurora.

Il passo che proviene
dalla serra sì lieve,
non è felpato dalla neve, è ancora
tua vita, sangue tuo nelle mie vene.

Da ist das Zeichen; es ädert sich
an der Mauer, die golden sich färbt:
Scherenschnitt einer Palme,
von der Morgenröte versengt.

Der Schritt, der so leis
aus dem Glashaus dringt,
ist vom Schnee nicht gedämpft, ist
noch dein Leben, dein Blut in mir.

Il ramarro, se scocca
sotto la grande fersa
dalle stoppie –

la vela, quando fiotta
e s'inabissa al salto
della rocca –

il cannone di mezzodì
più fioco del tuo cuore
e il cronometro se
scatta senza rumore –
. . . .

e poi? Luce di lampo
invano può mutarvi in alcunché
di ricco e strano. Altro era il tuo stampo.

Wenn die Eidechse schnellt,
von der Sonne gepeitscht,
aus den Stoppeln –

wenn das Segel treibt
und versinkt am Vorsprung
des Felsens –

das Geschütz des Mittags
leiser tönt als dein Herz
und geräuschlos die Uhr
deutet die Stunde –

. . . .

und dann? Leuchten des Blitzes
mag umsonst euch wandeln in etwas,
das reich und selten. Anders war deine Art.

Perché tardi? Nel pino lo scoiattolo
batte la coda a torcia sulla scorza.
La mezzaluna scende col suo picco
nel sole che la smorza. È giorno fatto.

A un soffio il pigro fumo trasalisce,
si difende nel punto che ti chiude.
Nulla finisce, o tutto, se tu fólgore
lasci la nube.

Warum denn spät? In der Föhre das Eichhorn
schlägt seinen fackelgleichen Schweif an die Rinde.
Der Halbmond sinkt mit dem Bug in die Sonne,
die ihn auslöscht. Es ist heller Tag.

Von einem Windstoß bebt der träge Dunst,
wehrt sich am Punkte, wo er dich umfängt.
Nichts endet oder alles, wenn du Wetterstrahl
dich schwingst von der Wolke.

L' anima che dispensa
furlana e rigodone ad ogni nuova
stagione della strada, s'alimenta
della chiusa passione, la ritrova
a ogni angolo più intensa.

La tua voce è quest' anima diffusa.
Su fili, su ali, al vento, a caso, col
favore della musa o d'un ordegno,
ritorna lieta o triste. Parlo d' altro,
ad altri che t'ignora e il suo disegno
è là che insiste do re la sol sol ...

Seele, die austeilt
Ländler und Reigen bei jeder neuen
Sommersaison der Straße, zehrt
von verschlossener Leidenschaft, findet sie wieder
tiefer an jeder Ecke.

Deine Stimme ist diese verstreute Seele.
Auf Drähten, Flügeln, im Wind und durch Zufall,
mit der Muse Gunst oder des Werkzeugs Hilfe,
kehrt sie froh oder traurig. Von anderem
sprech ich zu anderem, der dich nicht kennt, aber
ihr Thema ist da, beharrlich *c d a g g*...

Ti libero la fronte dai ghiaccioli
che raccogliesti traversando l'alte
nebulose; hai le penne lacerate
dai cicloni, ti desti a soprassalti.

Mezzodì: allunga nel riquadro il nespolo
l'ombra nera, s'ostina in cielo un sole
freddoloso; e l'altre ombre che scantonano
nel vicolo non sanno che sei qui.

Die Stirn befrei' ich dir vom Eise,
das sich gesammelt, als die hohen Weltennebel
du kreuztest; deine Schwingen sind zerzaust
von Stürmen, schreckhaft wachst du auf.

Mittagsstunde: die Mispel wirft durch's Fenster
schwarzen Schatten, fröstelnd klammert sich
die Sonne an den Himmel; andere Schatten,
die durch die Gasse schleichen, wissen sich nicht hier.

Il fiore che ripete
dall'orlo del burrato
non scordarti di me,
non ha tinte più liete né più chiare
dello spazio gettato tra me e te.

Un cigolìo si sferra, ci discosta,
l'azzurro pervicace non ricompare.
Nell'afa quasi visibile mi riporta all'opposta
tappa, già buia, la funicolare.

Blume, die aufsagt
am Rande des Abgrunds ihr Verslein
vergiß mein nicht,
hat nicht frohere Farben noch hellere
als der Raum, der sich auftut zwischen dir und mir.

Ein Kreischen bricht los, und wir entgleiten
einander, das beharrliche Blau entschwindet.
Ins sichtbare Brüten am anderen, dunkelnden
Ende trägt mich die Seilbahn.

La rana, prima a ritentar la corda
dallo stagno che affossa
giunchi e nubi, stormire dei carrubi
conserti dove spegne le sue fiaccole
un sole senza caldo, tardo ai fiori
ronzìo di coleotteri che suggono
ancora linfe, ultimi suoni, avara
vita della campagna. Con un soffio
l'ora s'estingue; un cielo di lavagna
si prepara all'irrompere dei tre
cavalieri! Salutali con me.

Zuerst versucht der Frosch sich in den Saiten,
im Teiche dort, der Schilf begräbt die Wolken,
ein Rauschen dann in dem verflochtenen
Johannisbrotgebäum, darin die Sonne
die letzten Fackeln löscht, ein träges Summen noch
von Käfern, die an Blumen saugen, letzte Klänge
des kargen Lebens ländlicher Natur. Mit einem Hauch
erlischt die Stunde, schiefergrau erwartet
der Himmel die drei Reiter! Grüße
sie mit mir.

Non recidere, forbice, quel volto,
solo nella memoria che si sfolla,
non far del grande suo viso in ascolto
la mia nebbia di sempre.

Un freddo cala ... Duro il colpo svetta.
E l'acacia ferita da sé scrolla
il guscio di cicala
nella prima belletta di Novembre.

Du sollst dies Antlitz, Schere, nicht beschneiden,
das so allein noch blieb, wo sich Erinnrung leert,
und nicht zu Nebel soll mir dies Gesicht,
dies große, lauschende, auf ewig werden.

Frost sinkt herab ... hart trifft der Schnitt die Spitze.
Und die verwundete Akazie schüttelt
aus ihren Zweigen das Gehäus der Grille
in des Novembers ersten Regenschlamm.

Tempi di Bellosguardo

Oh come là nella corusca
distesa che s'inarca verso i colli,
il brusìo della sera s'assottiglia
e gli alberi discorrono col trito
mormorio della rena; come limpida
s'inalvea là in decoro
di colonne e di salci ai lati e grandi salti
di lupi nei giardini, tra le vasche ricolme
che traboccano,
questa vita di tutti non più posseduta
del nostro respiro;
e come si ricrea una luce di zàffiro
per gli uomini
che vivono laggiù: è troppo triste
che tanta pace illumini a spiragli
e tutto ruoti poi con rari guizzi
su l'anse vaporanti, con incroci
di camini, con grida dai giardini
pensili, con sgomenti e lunghe risa
sui tetti ritagliati, tra le quinte
dei frondami ammassati ed una coda
fulgida che trascorra in cielo prima
che il desiderio trovi le parole!

Die Tage von Bellosguardo

O wie dort in der glanzvollen
Weite, die sich wölbt zu den Hügeln,
das Summen des Abends verebbt,
die Bäume Zwiesprache halten
mit dem Murmeln des Sandes; wie rein
fügt sich da in den Schmuck
der Säulen und Weiden, der hoch
um schwellende Brunnenschalen springenden
Wölfe im Garten
dies Leben aller, dies nicht mehr besessene
unseres Atems:
Und wie erschafft sich neu saphirenes Licht
für die Menschen,
die dort unten leben: Zu traurig ist es,
daß soviel Friede durch Ritzen nur leuchtet
und alles doch kreiset, flüchtig erglühend,
im äußeren Dunst, sich kreuzende Wege,
Rufe aus hängenden Gärten, Schrecken und
langes Gelächter auf scharf geschnittenen Dächern,
in den Kulissen gehäuften Laubwerks
und ein leuchtender Schweif, der den Himmel
durcheilt, noch ehe der Wunsch
sich in Worte gekleidet.

La casa dei doganieri

Tu non ricordi la casa dei doganieri
sul rialzo a strapiombo sulla scogliera:
desolata t'attende dalla sera
in cui v'entrò lo sciame dei tuoi pensieri
e vi sostò irrequieto.

Libeccio sferza da anni le vecchie mura
e il suono del tuo riso non è più lieto:
la bussola va impazzita all'avventura
e il calcolo dei dadi più non torna.
Tu non ricordi; altro tempo frastorna
la tua memoria; un filo s'addipana.

Ne tengo ancora un capo; ma s'allontana
la casa e in cima al tetto la banderuola
affumicata gira senza pietà.
Ne tengo un capo; ma tu resti sola
né qui respiri nell'oscurità.

Oh l'orizzonte in fuga, dove s'accende
rara la luce della petroliera!
Il varco è qui? (Ripullula il frangente
ancora sulla balza che scoscende ...)
Tu non rocordi la casa di questa
mia sera. Ed io non so chi va e chi resta.

Das Haus der Zöllner

Vergessen hast du das Haus der Zöllner
hoch über dem Riff auf hängendem Felsen:
seit jenem Abend harret es dein,
als deine Gedanken schwärmten hinein
und darinnen weilten unruhevoll.

Seit Jahren peitscht der Südwind sein Gemäuer,
da auch dein Lachen nicht mehr fröhlich scholl:
der Kompaß wirbelt je nach Abenteuer,
und auch der Würfel Rechnung geht nicht auf.

Du hast vergessen; anderer Zeiten Lauf
kreuzt die Erinnerung; und nur ein Stück
des abgespulten Fadens blieb zurück;
das Haus entschwand, und ohne Gnade dreht
sich auf dem Dach der rauchgeschwärzte Hahn.
Ein Stück nur blieb zurück, im Dunkeln steht
das Haus und hält den Atem an.

O Horizont, du fliehender, wo all-
zuselten nur des Tankers Licht erglimmt!
Geht hier der Weg? (Noch schäumt der Schwall
der Dünung an der Klippe steilem Fall ...)
Dir ist das alles längst entrückt, enteilt,
noch weiß ich selbst, wer dort jetzt geht und weilt.

Stanze

Ricerco invano il punto onde si mosse
il sangue che ti nutre, interminato
respingersi di cerchi oltre lo spazio
breve dei giorni umani,
che ti rese presente in uno strazio
d'agonie che non sai, viva in un putre
padule d'astro inabissato; ed ora
è linfa che disegna le tue mani,
ti batte ai polsi inavvertita e il volto
t'infiamma o discolora.

Pur la rete minuta dei tuoi nervi
rammanta un poco questo suo viaggio
e se gli occhi ti scopro li consuma
un fervore coperto da un passaggio
turbinoso di spuma ch'or s'infitta
ora si frange, e tu lo senti ai rombi
delle tempie vanir nella tua vita
come si rompe a volte nel silenzio
d'una piazza assopita
un volo strepitoso di colombi.

In te converge, ignara, una raggèra
di fili; e certo alcuno d'essi apparve
ad altri: e fu chi abbrividì la sera
percosso da una candida ala in fuga,
e fu chi vide vagabonde larve

Stanzen

Vergeblich such' ich den Punkt, von dem es ausging,
das Blut, das dich nährt, unendlich pflanzen
die Kreise sich fort bis jenseits des kurzen
Zeitraums der menschlichen Tage,
daraus dein Vorhandensein rührt in qualvollen
Todeskämpfen, dir selbst nicht bewußt,
die du lebst im faulen Sumpfe eines versunkenen
Sterns; und nun ist es Lymphe, die deine Hände zeichnet,
unbeachtet dir schlägt in den Pulsen und das Gesicht
entflammt und entfärbt.

Dennoch gemahnt das feine Netz deiner Nerven
ein wenig an diesen Hergang, und wenn die Augen
an dir ich entdecke, so verzehrt sie ein Feuer,
darüber wirbelnd sich breitet ein Schaum,
der manchmal dichter, manchmal zerreißt,
und du erkennst am Dröhnen der Schläfen,
daß er schwindet in deinem Leben,
wie zuweilen bricht durch die Ruhe
des schläfrigen Platzes
das lärmende Schwirren der Tauben.

In dir vereinigt sich ohne dein Wissen ein Kranz
von Fäden; und einer von ihnen erschien gewiß
auch anderen: und da war, wer abends erschauerte, als
eine weiße fliehende Schwinge ihn schlug, und da war,
wer schweifende Larven erkannte,

dove altri scorse fanciullette a sciami,
o scoperse, qual lampo che dirami,
nel sereno una ruga e l'urto delle
leve del mondo apparse da uno strappo
dell'azzurro l'avvolse, lamentoso.

In te m'appare un'ultima corolla
di cenere leggera che non dura
ma sfioccata precipita. Voluta,
disvoluta è così la tua natura.
Tocchi il segno, travàlichi. Oh il ronzìo
dell'arco ch'è scoccato, il solco che ara
il flutto e si rinchiude! Ed ora sale
l'ultima bolla in su. La dannazione
è forse questa vanaggiante amara
oscurità che scende su chi resta.

wo ein anderer schwärmende Mädchen sah,
oder, dem Blitze gleich, der sich verzweigt,
eine Runzel entdeckte im Blau, und der Stoß der Hebel
der Welt, die in einem Riß des Himmels sich zeigten,
ereilte ihn kläglich.

In dir erscheint mir ein letzter Blütenkranz
aus leichter Asche, der schnell verwelkt
und entblättert dahinstürzt. Gewollt
und ungewollt, so ist dein Wesen beschaffen.
Berühre das Zeichen, übersteige den Paß.
O das Summen des abgeschossenen Bogens,
die Furche gepflügt in die Flut und wieder geschlossen!
Und nun steigt die letzte Perle empor. Die Verdammnis
ist vielleicht diese fiebernde, bittere
Finsternis, die herabsinkt auf den, der zurückbleibt.

Sotto la pioggia

Un murmure; e la tua casa s'appanna
come nella bruma del ricordo –
e lacrima la palma ora che sordo
preme il disfacimento che ritiene
nell'afa delle serre anche le nude
speranze ed il pensiero che rimorde.

»Por amor de la fiebre« ... mi conduce
un vortice con te. Raggia vermiglia
una tenda, una finestra si rinchiude.
Sulla rampa materna ora cammina,
guscio d'uovo che va tra la fanghiglia,
poca vita tra sbatter d'ombra e luce.

Strideva Adiós muchachos, compañeros
de mi vida, il tuo disco della corte:
e m'è cara la maschera se ancora
di là dal mulinello della sorte
mi rimane il sobbalzo che riporta
al tuo sentiero.

Seguo i lucidi strosci e in fondo, a nembi,
il fumo strascicato d'una nave.
Si punteggia uno squarcio ...
Per te intendo
ciò che osa la cicogna quando alzato
il volo dalla cuspide nebbiosa
rèmiga verso la Città del Capo.

Im Regen

Ein Murmeln; und dein Haus wird trüb
im Nebelschleier der Erinnerung –
nun weint der Palmenbaum, da dumpf
drängt der Verfall, der in des Treibhaus'
Schwüle noch die nackte Hoffnung
nährt und die Gewissensqual.

»Por amor de la fiebre« ... reißt[2]
ein Wirbel mich mit dir. Ein Vorhang
leuchtet rot, ein Fenster schließt sich.
Nun schreite weiter auf dem Mutterboden,
du Eierschale, die im Schlamme treibt,
geringes Leben zwischen Licht und Schatten.

Laut schrie Adiós muchachos, compañeros
de mi vida aus dem Hof dein Grammophon:
Und lieb ist mir die Maske, wenn
auch jenseits noch des schnellen Glücksrads
der Schreck mir bleibt, der mich
auf deinen Weg zurückführt.

Ich folge den glänzenden Schauern und in der Ferne
dem langgezogenen Rauch eines Schiffes.
Ein Lichtfleck zeichnet sich ab ...
Für dich gedenke
ich gleiches zu wagen wie der Storch, wenn im Fluge
er sich erhebt von der nebligen Spitze des Turms
und mit den Schwingen rudert gen Kapstadt.

L'estate

L'ombra crociata del gheppio pare ignota
ai giovinetti arbusti quando rade fugace.
E la nube che vede? Ha tante facce
a polla schiusa.

Forse nel guizzo argenteo della trota
controcorrente
torni anche tu al mio piede fanciulla morta
Aretusa.

Ecco l'òmero acceso, la pepita
travolta al sole,
la cavolaia folle, il filo teso
del ragno su la spuma che ribolle –

e qualcosa che va e tropp'altro che
non passerà la cruna ...

Occorrono troppe vite per farne una.

Der Sommer

Der gekreuzte Schatten des Geiers scheint noch unbekannt
den jungen Sträuchern, wenn flüchtig er streicht zur Erde.
Und die Wolke, was sieht sie? Viele Gesichter hat
der verborgene Quell.

Vielleicht bist im silbernen Blitz der Forelle,
die stromauf schwimmt,
auch du zurückgekehrt mir zu Füßen, totes Mädchen
Arethusa.

Sieh den entfachten Arm, das Goldstück
ans Licht gerollt,
den taumelnden Weißling, der Spinne gespannten
Faden über dem kochenden Schaum –

und so manches, das angeht, zu vieles jedoch wird nie
das Nadelöhr durchschreiten.

Zu vieler Leben bedarf es, um eines zu bestreiten.

Eastbourne

›Dio salvi il Re‹ intonano le trombe
da un padiglione erto su palafitte
che aprono il varco al mare quando sale
a distruggere peste
umide di cavalli nella sabbia
del litorale.

Freddo un vento m'investe
ma un guizzo accende i vetri
e il candore di mica delle rupi
ne risplende.

Bank Holiday ... *Riporta l'onda lunga*
della mia vita
a striscio, troppo dolce sulla china.
Si fa tardi. I fragori si distendono,
si chiudono in sordina.

Vanno su sedie a ruote i mutilati,
li accompagnano cani dagli orecchi
lunghi, bimbi in silenzio o vecchi. (Forse
domani tutto parrà un sogno.)
                                        E vieni
tu pure voce prigioniera, sciolta
anima ch'è smarrita,
voce di sangue, persa e restituita
alla mia sera.

Eastbourne

»Gott schütze den König« stimmen an die Hörner
in einem Pavillon auf Wasserpfählen,
die Durchlaß bieten dem Meer, wenn es steigt,
zu vertilgen die feuchte Hufspur
der Pferde im Sand
des Gestades.

Kalt umfängt mich ein Wind,
doch ein Sonnenblitz entzündet
die Fenster, und das krumige Weiß
der Felsen leuchtet davon.

Bank Holiday ... Bring zurück mir die lange
Woge meines Lebens,
die schleppende, allzu sanft geneigte.
Es wird spät. Das Brausen der See entspannt sich,
endet gedämpft.

Auf Rollstühlen fahren Invaliden,
begleitet von langohrigen Hunden,
schweigsamen Kindern und alten Leuten. (Vielleicht
scheint morgen schon alles ein Traum.)
Und komm
auch du, gefangene Stimme, zerronnene
Seele, die sich verirrte,
Stimme des Blutes, verloren und wiedergegeben
meinem Abend.

Come lucente muove sui suoi spicchi
la porta di un albergo
– risponde un'altra e le rivolge un raggio –
m'agita un carosello che travolge
tutto dentro il suo giro; ed io in ascolto
(›mia patria!‹) riconosco il tuo respiro,
anch'io mi levo e il giorno è troppo folto.

Tutto apparirà vano: anche la forza
che nella sua tenace ganga aggrega
i vivi e i morti, gli alberi e gli scogli
e si svolge da te, per te. La festa
non ha pietà. Rimanda
il suo scroscio la banda, si dispiega
nel primo buio una bontà senz'armi.

Vince il male ... La ruota non s'arresta.

Anche tu lo sapevi, luce-in-tenebra.

Nella plaga che brucia, dove sei
scomparsa al primo tocco delle campane, solo
rimane l'acre tizzo che già fu
Bank Holliday.

Wie funkelnd sich in ihren Angeln dreht
die Tür eines Hotels
– eine andre entgegnet mit ähnlichem Blitzen –,
so treibt mich ein Karussell, das alles in mir
in seinem Wirbel verschlingt; und ich, der ich lausche
(»mein Vaterland!«), erkenne deinen Atem,
auch ich stehe auf, und der Tag ist zu dicht.

Alles wird eitel erscheinen: auch die Kraft,
die in ihren zähen Gestein Tote und Lebende,
Bäume und Klippen vereint und aus dir
sich entfaltet für dich. Das Fest
hat kein Mitleid. Erneut
rauscht die Kapelle, breitet im ersten
Dunkel waffenlose Güte sich aus.

Siegt auch das Übel ... das Rad bleibt nicht stehn.

Auch du wußtest davon, Licht-in-der-Finsternis.

In der Wunde, die brennt, wo du
verschwunden beim ersten Glockenton, bleibt
nur der glühende Span, der einst war:
Bank Holiday.

Barche sulla Marna

Felicità del sùghero abbandonato
alla corrente
che stempra attorno i ponti rovesciati
e il plenilunio pallido nel sole:
barche sul fiume, agili nell'estate
e un murmure stagnante di città.
Segui coi remi il prato se il cacciatore
di farfalle vi giunge con la sua rete,
l'alberaia sul muro dove il sangue
del drago si ripete nel cinabro.

Voci sul fiume, scoppi dalle rive,
o ritmico scandire di piroghe
nel vespro che cola
tra le chiome dei noci, ma dov'è
la lenta processione di stagioni
che fu un'alba infinita e senza strade,
dov'è la lunga attesa e qual è il nome
del vuoto che ci invade.

Il sogno è questo: un vasto,
interminato giorno che rifonde
tra gli argini, quasi immobile, il suo bagliore
e ad ogni svolta il buon lavoro dell'uomo,
il domani velato che non fa orrore.
E altro ancora era il sogno, ma il suo riflesso
fermo sull'acqua in fuga, sotto il nido

Boote auf der Marne

Glückseligkeit des Korkes, der dahintreibt
in der Strömung,
die rings am Spiegelbild der Brücken zehrt,
am Vollmond, der im Sonnenlicht blaß.
Boote sich sommerleicht im Flusse wiegen,
und fernher träges Murmeln aus der Stadt.
Du folgst der Wiese rudernd, wo
man Schmetterlinge jagt mit Netzen,
und dem Bewurf der Mauern, der das Blut
des Drachen mit Zinnober malt.

Stimmen im Fluß und Schüsse von den Ufern,
rhythmischer Schlag der schnellen Ruderboote
im Abendlicht, das durch das volle Laub
des Nußbaums träufelt, doch wo ist
der feierliche Zug der Jahreszeiten,
der war ein Tagesanbruch ohne Ende,
wo ist das lange Warten, und wie heißt
die Leere, die in uns dringt.

Dies ist der Traum: ein weiter,
nie aufgehörter Tag, der fast bewegungslos
zurücklenkt in das Flußbett seinen Glanz,
an jeder Krümmung zeigt des Menschen gute Arbeit,
und die verhüllte Zukunft, die nicht schreckt.
Und anderes noch war der Traum, jedoch sein Widerschein,
der fest im flüchtigen Gewässer stand,

del pendolino, aereo e inaccessibile,
era silenzio altissimo nel grido
concorde del meriggio ed un mattino
più lungo era la sera, il gran fermento
era grande riposo.
Qui … il colore
che resiste è del topo che ha saltato
tra i giunchi o col suo spruzzo di metallo
velenoso, lo storno che sparisce
tra i fumi della riva.
Un altro giorno,
ripeti – o che ripeti? E dove porta
questa bocca che brùlica in un getto
solo?
La sera è questa. Ora possiamo
scendere fino a che s'accenda l'Orsa.

(Barche sulla Marna, domenicali, in corsa
nel dì della tua festa.)

zu Häupten hoch das luft'ge Nest der Meise,
war höchste Stille im vereinten Schrei
des Mittags, und ein längerer Morgen war
der Abend, und das große Streben
ein großes Ausruhn.
                                        Hier ... die Farbe,
die hält, ist die der Maus, die durch das Schilfrohr
springt oder des Staren, der im Dunst des Ufers
mit einem Sprühen giftigen Metalles
untertaucht.
                         Ein anderer Tag,
sagst du erneut – oder was sonst? Und wohin führt
dich dieser Mund, wenn er in einem Zug
von Worten wimmelt?
                                        Dieses ist der Abend, und nun können
wir abwärts gleiten, bis der Große Bär erglänzt.

(Boote, unterwegs auf der Marne, sonntags, an deinem Geburtstag.)

Nuove stanze

Poi che gli ultimi fili di tabacco
al tuo gesto si spengono nel piatto
di cristallo, al soffitto lenta sale
la spirale del fumo
che gli alfieri e i cavalli degli scacchi
guardano stupefatti; e nuovi anelli
la seguono, più mobili di quelli
delle tue dita.

La morgana che in cielo liberava
torri e ponti è sparita
al primo soffio; s'apre la finestra
non vista e il fumo s'agita. Là in fondo,
altro stormo si muove: una tregenda
d'uomini che non sa questo tuo incenso,
nella scacchiera di cui puoi tu sola
comporre il senso.

Il mio dubbio d'un tempo era se forse
tu stessa ignori il giuoco che si svolge
sul quadrato e ora è nembo alle tue porte:
follìa di morte non si placa a poco
prezzo, se poco è il lampo del tuo sguardo,
ma domanda altri fuochi, oltre le fitte
cortine che per te fomenta il dio
del caso, quando assiste.

Neue Stanzen

Da du die letzten Krümel von Tabak
mit einer Handbewegung hast gelöscht,
in der kristallenen Schale, steigt
zur Decke langsam auf die Rauchspirale,
erstaunt schaun auf dem Schachbrett Pferd
und Läufer ihr nach; und neue Ringe folgen,
beweglicher als die
an deiner Hand.

Das Trugbild, das am Himmel schweben ließ
Türme und Brücken, ist zergangen
beim ersten Hauch; es öffnet sich
das unbemerkte Fenster, und Bewegung
kommt in den Rauch. Dort unten regt sich
die andere Heerschar, ein Getümmel, das den Weihrauch
nicht kennt hier auf dem Brette, dessen Sinn
nur du zusammenfügst.

Einst war mein Zweifel, ob vielleicht
du selbst nicht wüßtest, welches Spiel sich
begibt auf dem Quadrat und stürmt vor deiner Tür:
Die Todessehnsucht ist um kleinen Preis
nicht zu versöhnen, wenn nur schwach
dein Auge blitzt, nach anderen Feuern trachte,
jenseits der Rauchwand, die für dich ein Gott
des Zufalls schürt, wenn er gewogen ist.

Oggi so ciò che vuoi; batte il suo fioco
tocco la Martinella ed impaura
le sagome d'avorio in una luce
spettrale di nevaio. Ma resiste
e vince il premio della solitaria
veglia chi può con te allo specchio ustorio
che accieca le pedine opporre i tuoi
occhi d'acciaio.

Heut' weiß ich, was du willst; die Martinella schlägt[3]
vom Turm die Stunde brüchig und erschreckt
die elfenbeinernen Profile rings
im geisterhaften Firnlicht. Doch besteht
und siegt im Kampfe um den Preis einsamen
Wachens, wer wie du entgegensetzen kann dem Brenn-
spiegel, der die Figuren blendet, deine
stählernen Augen.

Il ritorno

Bocca di Magra

Ecco bruma e libeccio sulle dune
sabbiose che lingueggiano
e là celato dall'incerto lembo
o alzato dal ve-e-vieni delle spume
il barcaiolo Duilio che traversa
in lotta sui suoi remi; ecco il pimento
dei pini che più terso
si dilata tra pioppi e saliceti,
e pompe a vento battere le pale
e il viottolo che segue l'onde dentro
la fiumana terrosa
funghire velenoso d'ovuli; ecco
ancora quelle scale
a chiocciola, slabbrate, che s'avvitano
fin oltre la veranda
in un gelo policromo d'ogive,
eccole che t'ascoltano, le nostre vecchie scale,
e vibrano al ronzìo
allora che dal cofano tu ridésti leggera
voce di sarabanda
o quando Erinni fredde ventano angui
d'inferno e sulle rive una bufera
di strida s'allontana; ed ecco il sole
che chiude la sua corsa, che s'offusca
ai margini del canto – ecco il tuo morso
oscuro di tarantola: son pronto.

Die Rückkehr

Bocca di Magra

Nebel dort und Südwind auf der Dünen
sandigen Zungen,
und, vom ungewissen Meeressaum verdeckt,
emporgetragen bald vom Hin und Her der Wogen,
der Schiffer Duilio, der die Fluten kreuzt,
kämpfend gebeugt über die Ruder; dort
der Pinien schwarzer Farbstoff, der sich scharf
verbreitet unter Silberpappeln, Weiden,
Windrädern, die die Schaufeln regen, und
das Gäßchen, das den Wellen folgt hinab
in lehmige Fluten,
giftges Schimmeln von Bovisten; dort
die Wendeltreppe noch,
die sich verfallen schraubt
durch die Veranda und darüber fort
im bunten Frost der spitzen Fensterbögen,
wie sie dort horchen unsere alten Treppen,
und summend beben,
wenn aus dem Schnee du die leise Stimme
der Sarabande lockst,
oder wenn eisige Erinnyen die Schlangen
der Hölle schwingen und ein Sturm
von Schreien sich vom Ufer löst; und dort die Sonne,
die ihren Lauf beschließt, der an den Rändern
des Liedes dunkel wird – und da
der heimliche Tarantelstich: Ich bin bereit.

Notizie dall'Amiata

Il fuoco d'artifizio del maltempo
sarà murmure d'arnie a tarda sera.
La stanza ha travature
tarlate ed un sentore di meloni
penetra dall'assito. Le fumate
morbide che risalgono una valle
d'elfi e di funghi fino al cono diafano
della cima m'intorbidano i vetri,
e ti scrivo di qui, da questo tavolo
remoto, dalla cellula di miele
di una sfera lanciata nello spazio –
e le gabbie coperte, il focolare
dove i marroni espladono, le vene
di salnitro e di muffa sono il quadro
dove tra poco romperai. La vita
che t'affàbula è ancora troppo breve
se ti contiene! Schiude la tua icona
il fondo luminoso. Fuori piove.

* * *

Nachricht vom Berge Amiata

Das Feuerwerk des tobenden Gewitters
ist abends nur noch ein Gesumm von Bienen.
Durch meine Stube ziehen
wurmzernagte Balken, und vom Zaun her
duften die Melonen. Der weiche Rauch,
der durch ein Tal der Elfen und der Pilze
aufwärts steigt zum transparenten Kegel
des Berges, trübt mir die Scheiben,
und von hier aus schreibe ich dir,
von diesem fernen Tisch, der Honigwabe
einer ins All geworfenen Kugel –
und die gedeckten Käfige, der Herd,
auf dem Kastanien platzen, das Geäder
aus Schimmel und Salpeter sind das Bild,
in dem gar bald du einbrichst. Viel zu kurz
ist dieses Leben noch, das dich umspinnt
mit Märchen, wenn du's ausfüllst. Es enthüllt
deiner Ikone lichten Grund. Es regnet draußen.

* * *

E tu seguissi le fragili architetture
annerite dal tempo e dal carbone,
i cortili quadrati che hanno nel mezzo
il pozzo profondissimo; tu seguissi
il volo infagottato degli uccelli
notturni e in fondo al borro l'allucciolìo
della Galassia, la fascia d'ogni tormento.
Ma il passo che risuona a lungo nell'oscuro
è di chi va solitario e altro non vede
che questo cadere di archi, di ombre e di pieghe.
Le stelle hanno trapunti troppo sottili,
l'occhio del campanile è fermo sulle due ore,
i rampicanti anch'essi sono un'ascesa
di tenebre ed il loro profumo duole amaro.
Ritorna domani più freddo, vento del nord,
spezza le antiche mani dell'arenaria,
sconvolgi i libri d'ore nei solai,
e tutto sia lente tranquilla, dominio, prigione
del senso che non dispera! Ritorna più forte
vento di settentrione che rendi care
le catene e suggelli le spore del possibile!
Son troppo strette le strade, gli asini neri
che zoccolano in fila dànno scintille,
dal picco nascosto rispondono vampate di magnesio.
Oh il gocciolìo che scende a rilento
dalle casipole buie, il tempo fatto acqua,
il lungo colloquio coi poveri morti, la cenere, il vento,
il vento che tarda, la morte, la morte che vive!

Und folgtest du auch den gebrechlichen Architekturen,
geschwärzt von der Zeit und dem Ruß, den quadratischen
Höfen mit Brunnen, abgrundtief, in der Mitte;
folgtest du auch dem gebündelten Flug der
nächtlichen Vögel und im Graben dem Schimmern
der Milchstraße, die alle Schmerzen lindernd umhüllt.
Doch der Schritt, der lange hallet im Dunkel,
dessen ist er, der einsam geht und anderes nicht sieht
als dieses Fallen von Bögen, Schatten und Furchen.
Allzu dünn ist das Muster der Sterne gestickt,
das Auge des Kirchturms blickt starr auf zwei Uhr,
auch die Kletterpflanzen sind ein langsamer
Aufstieg der Finsternis, und bitter schmerzt ihr Geruch.
Kälter kehre morgen zurück, Wind aus dem Norden,
zerbrich die alten Hände des Sandsteins,
zerwühle die Stundenbücher auf den Speichern,
und alles werde ruhiger Scharfblick, Beherrschung,
Gefängnis dem ewig hoffenden Sinn! Stärker kehre,
Wind aus dem Norden, zurück, der teuer uns macht
die Ketten und die Keime versiegelt des Möglichen!
Zu eng sind die Straßen, die schwarzen Esel ziehen
klappernd in Reihen einher und schlagen Funken,
und vom verhüllten Berge antwortet magnetisches Lodern.
O das Tröpfeln, das langsam zieht von den dunklen
Hütten herab, die Zeit, zu Wasser geworden, das lange
Gespräch mit den armen Toten, der Asche, dem Wind,
dem Wind, der spät kommt, dem Tode, dem Tode, der lebt!

AUS DEM BAND »LA BUFERA E ALTRO«
1940–1954

La bufera

Les princes n'ont point d'yeux pour
[voir ces grand's merveilles,
Leurs mains ne servent plus qu'à
[nous persécuter …

AGRIPPA D'AUBIGNÉ: À Dieu

La bufera che sgronda sulle foglie
dure della magnolia i lunghi tuoni
marzolini e la grandine,

(i suoni di cristallo nel tuo nido
notturno ti sorprendono, dell'oro
che s'è spento sui mogani, sul taglio
dei libri rilegati, brucia ancora
una grana di zucchero nel guscio
delle tue palpebre)

il lampo che candisce
alberi e muri e li sorprende in quella
eternità d'istante – marmo manna
e distruzione – ch'entro te scolpita
porti per tua condanna e che ti lega
più che l'amore a me, strana sorella, –

e poi lo schianto rude, i sistri, il fremere
dei tamburelli sulla fossa fuia,
lo scalpicciare del fandango, e sopra
qualche gesto che annaspa …
Come quando
ti rivolgesti e con la mano, sgombra
la fronte dalla nube dei capelli,

mi salutasti – per entrar nel buio.

Der Sturmwind

Les princes n'ont point d'yeux pour
[voir ces grand's merveilles,
Leurs mains ne servent plus qu'à
[nous persécuter ...

AGRIPPA D'AUBIGNÉ: À Dieu

Der Sturmwind, der auf die harten Blätter
des Magnolienbaumes die langen märzlichen Donner
ergießt und den Hagel,

(die Klänge des Kristalls in deinem
nächtlichen Neste kommen dir überraschend, vom Golde,
das auf den Mahagonimöbeln erlosch und den Rücken
gebundener Bücher, brennt noch
ein Zuckerkorn dir im Gehäuse
der Lider)

der Blitz, der Baum
und Mauern kandiert und sie in jener
Ewigkeit des Momentes befällt – Marmor, Manna
und Vernichtung –, die in dich gemeißelt
du trägst zu deiner Verdammnis und die
dich bindet mehr als die Liebe an mich, seltsame Schwester, –

und dann der malmende Schlag, Triangeln, das Beben
der Tamburine über der finsteren Gruft,
das Getrappel eines Fandangos, und droben
eine ins Leere greifende Gebärde ...
Wie als du
dich wandtest und mit der Hand, nachdem von der Stirn
du gescheucht die Wolke des Haares,

mich grüßtest – um ins Dunkle zu gehn.

Nel sonno

Il canto delle strigi, quando un'iride
con intermessi palpiti si stinge,
i gemiti e i sospiri
di gioventù, l'errore che recinge
le tempie e il vago orror dei cedri smossi
dall'urto della notte – tutto questo
può ritornarmi, traboccar dai fossi,
rompere dai condotti, farmi desto
alla tua voce. Punge il suono d'una
giga crudele, l'avversario chiude
la celata sul viso. Entra la luna
d'amaranto nei chiusi occhi, è una nube
che gonfia; e quando il sonno la trasporta
più in fondo, è ancora sangue oltre la morte.

Im Schlafe

Der Sang der Eulen, wenn ein Regenbogen
sich zuckend nach und nach entfärbt,
das Stöhnen und das Seufzen
der Jugend, Irrtum, der die Schläfen
umklammert und das vage Graun der Zedern,
bewegt vom Stoß der Nacht – dies alles
kann wiederkehren, steigen aus den Gräbern,
aus Leitungsrohren brechen, und des Halles
mich mahnen deiner Stimme. Stechend klingt
und grausam eine Gigue, der Gegner schließt
die Klappe des Visiers. Das Mondlicht dringt
ins Auge amaranten und zerfließt
wie eine Wolke; die im Schlafe rot
noch funkelt tiefer als der Tod.

Gli orecchini

Non serba ombra di voli il nerofumo
della spera. (E del tuo non è più traccia.)
È passata la spugna che i barlumi
indifesi dal cerchio d'oro scaccia.
Le tue pietre, i coralli, il forte imperio
che ti rapisce vi cercavo; fuggo
l'iddia che non s'incarna, i desiderî
porto fin che al tuo lampo non si struggono.
Ronzano èlitre fuori, ronza il folle
mortorio e sa che due vite non contano.
Nella cornice tornano le molli
meduse della sera. La tua impronta
verrà di giù: dove ai tuoi lobi squallide
mani, travolte, fermano i coralli.

Die Ohrringe

Nicht eines Fluges Schatten wahrte die verrußte
himmlische Sphäre. (Auch den deinen nicht.)
Der Schwamm ging drüberhin, dem weichen mußte
des goldenen Reifens ungeschirmtes Licht.
Die Steine, die Korallen, das Gebot,
das hinreißt, sucht' ich dort; ich flieh' das Bild
der Göttin, die nicht Fleisch wird. Wunsch und Not
trage ich weiter, bis dein Blitz sie stillt.
Dort draußen summen Eisenflügel, lärmt
der Totentanz, dem schnell zwei Leben weichen.
Im Fensterrahmen kommt zurückgeschwärmt
des Abends qualliges Gewölk; dein Zeichen
kommt aus der Tiefe, wo die Hand, entkräftet
an deine Ohrläppchen Korallen heftet.

Il ventaglio

Ut pictura ... *Le labbra che confondono,*
gli sguardi, i segni, i giorni ormai caduti
provo a figgerli là come in un tondo
di cannocchiale arrovesciato, muti
e immoti, ma più vivi. Era una giostra
d'uomini e ordegni in fuga tra quel fumo
ch'Euro batteva, e già l'alba l'inostra
con un sussulto e rompe quelle brume.
Luce la madreperla, la calanca
vertiginosa inghiotte ancora vittime,
ma le tue piume sulle guance sbiancano
e il giorno è forse salvo. O colpi fitti,
quando ti schiudi, o crudi lampi, o scrosci
sull'orde! (Muore chi ti riconosce?)

Der Fächer

Ut pictura … betörender Mund,[4]
die Blicke, die Zeichen, Tage gefallen wie Laub
in des umgekehrten Fernrohrs Rund
such ich's zu heften, was heute taub
und regungslos ward und lebendiger doch.
Es war ein Jahrmarkt, hochbeladen,
der vom Euros geschlagen im Rauche kroch,
doch schon rötet's der Morgen, zerreißt die Schwaden.
Perlmutternes Licht, und neue Beute
verschlingt der Abgrund, doch auf den Wangen
bleicht dir der Flaum, vielleicht ist das Heute
gerettet. O Schläge dicht, o Bangen,
stürzende Flut, wenn der Fächer sich spannte,
herab auf die Horden! (Stirbt, wer dich erkannte?)

Personae separatae

Come la scaglia d'oro che si spicca
dal fondo oscuro e liquefatta cola
sul corridoio dei carrubi ormai
ischeletriti, così pure noi
persone separate per lo sguardo
d'un altro? È poca cosa la parola,
poca cosa lo spazio in questi crudi
noviluni annebbiati: ciò che manca,
e che ci torce il cuore e qui m'attarda
tra gli alberi, ad attenderti, è un perduto
senso, o il fuoco, se vuoi, che a terra stampi,
figure parallele, ombre concordi,
aste di un sol quadrante i nuovi tronchi
delle radure e colmi anche le cave
ceppaie, nido alle formiche. Troppo
straziato è il bosco umano, troppo sorda
quella voce perenne, troppo ansioso
lo squarcio che si sbiocca sui nevati
gioghi di Lunigiana. La tua forma
passò di qui, si riposò sul riano
tra le nasse atterrate, poi si sciolse
come un sospiro, intorno – e ivi non era
l'orror che fiotta, in te la luce ancora
trovava luce, oggi non più che al giorno
primo già annotta.

Personae separatae

Wie der goldene Span sich löst vom dunklen
Grunde und geschmolzen rinnt durch die Reihe
der Johannisbrotbäume, die nun schon verdorrt
zum Skelett, sind auch wir
Menschen getrennt durch den Blick
eines anderen? Wenig bedeutet das Wort,
wenig der Raum auch in diesen rauhen
Tagen nebligen Neumonds: Was wir vermissen,
was das Herz uns würgt und hier mich festhält
unter den Bäumen, deiner zu harren, ist ein
verlorener Sinn oder das Feuer vielleicht,
das die Erde bedruckt mit parallelen Figuren,
einträchtigen Schatten, Zeiger des gleichen Ziffer-
blattes macht aus den neuen Stämmen der Lichtung
und füllt auch die hohlen Stümpfe, der Ameisen
Nester. Allzu verwüstet ist der menschliche Wald,
allzu dumpf jene ewige Stimme, allzu zaghaft
der Lichtstreif auf den beschneiten Höhen
der Lunigiana. Deine Gestalt
ging hier vorbei, ruhte am Ufer
unter den Körben der Fischer, löste sich dann
wie ein Seufzer, ringsum – und da war
der flutende Schrecken nicht mehr, in dir fand
das Licht noch das Licht, und heute nicht später
als am ersten Tage dunkelt die Nacht.

L'arca

La tempesta di primavera ha sconvolto
l'ombrello del salice,
al turbine d'aprile
s'è impigliato nell'orto il vello d'oro
che nasconde i miei morti,
i miei cani fidati, le mie vecchie
serve – quanti da allora
(quando il salce era biondo e io ne stroncavo
le anella con la fionda) son calati,
vivi, nel trabocchetto. La tempesta
certo li riunirà sotto quel tetto
di prima, ma lontano, più lontano
di questa terra folgorata dove
bollono calce e sangue nell'impronta
del piede umano. Fuma il ramaiolo
in cucina, un suo tondo di riflessi
accentra i volti ossuti, i musi aguzzi
e li protegge in fondo la magnolia
se un soffio ve la getta. La tempesta
primaverile scuote d'un latrato
di fedeltà la mia arca, o perduti.

Die Arche

Der Frühlingssturm hat das schirmende
Dach der Weide zerrüttelt,
im Wirbelwind des Aprils
hat sich im Garten das Goldene Vlies
verfangen, das meine Toten verbirgt,
meine getreuen Hunde, meinc alten
Dienerinnen – wie viele seitdem
(als die Weide noch blond war und ich ihre Ringe
mit der Schleuder zerriß) sind gesunken,
lebend, in die Fallgrube. Der Sturm
wird gewiß sie vereinen unter dem Dach
von einst, doch fern, weit ferner
von dieser vom Blitz getroffenen Erde,
wo Mörtel und Blut kochen im Abdruck
des menschlichen Fußes. Der Schöpflöffel
dampft in der Küche, der Widerschein seiner Wölbung
vereint die hageren Gesichter, gespitzten Münder,
und sie beschützt im Grund die Magnolie,
wenn ein Windstoß sie ihnen zuwirft. Der Sturm
des Frühlings schüttelt mit einem Gebell
der Treue meine Arche, o Verlorene.

A mia madre

Ora che il coro delle coturnici
ti blandisce nel sonno eterno, rotta
felice schiera in fuga verso i clivi
vendemmiati del Mesco, or che la lotta
dei viventi più infuria, se tu cedi
come un'ombra la spoglia
(e non è un'ombra,
o gentile, non è ciò che tu credi)

chi ti proteggerà? La strada sgombra
non è una via, solo due mani, un volto,
quelle *mani,* quel *volto, il gesto d'una*
vita che non è un'altra ma se stessa,
solo questo ti pone nell'eliso
folto d'anime e voci in cui tu vivi;

e la domanda che tu lasci è anch'essa
un gesto tuo, all'ombra delle croci.

Meiner Mutter

Nun da der Chor, auf Kothurnen schreitend,
dich hegt im ewigen Schlafe, stürmisch flüchtet
die glückliche Schar zu den abgeernteten
Weinhügeln des Mesco, nun da der Kampf
der Lebenden wilder tobt, wer wird, wenn die sterbliche
Hülle du hingibst wie einen Schatten
(doch es ist kein Schatten,
o Freundliche, ist nicht, was du glaubst),

wer wird dich beschützen? Die geräumte Straße
ist doch kein Weg, nur zwei Hände, ein Antlitz,
jene Hände und *jenes* Antlitz, eines Lebens
Gebärde, das kein anderes ist sondern es selbst,
dies allein versetzt dich in das mit Seelen
und Stimmen dicht gefüllte Elysium, in welchem du lebst;

und die Frage, die du zurückläßt, auch sie ist
eine Gebärde von dir, im Schatten der Kreuze.

Ballata scritta in una clinica

Nel solco dell'emergenza:

quando si sciolse oltremonte
la folle cometa agostana
nell'aria ancora serena

– ma buio, per noi, e terrore
e crolli di altane e di ponti
su noi come Giona sepolti
nel ventre della balena –

ed io mi volsi e lo specchio
di me più non era lo stesso
perché la gola ed il petto
t'avevano chiuso di colpo
in un manichino di gesso.

Nel cavo delle tue orbite
brillavano lenti di lacrime
più spesse di questi tuoi grossi
occhiali di tartaruga
che a notte ti tolgo e avvicino
alle fiale della morfina.

L'iddio taurino non era
il nostro, ma il Dio che colora
di fuoco i gigli del fosso:

Ballade aus einer Klinik

Im Graben der Not:

Als jenseits der Berge
der irre Komet des Augustus
in der Luft zerging, die noch klar

– aber dunkel für uns, und Schrecken
und Sturz der Altane und Brücken
auf uns, die wie Jonas begraben
im Bauche des Walfischs –

und ich sah mich um und mein Spiegel-
bild war ein anderes,
denn Kehle und Brust
hatten sie dir gesperrt
in eine gipserne Puppe.

In deinen Augenhöhlen
glänzten Linsen aus Tränen,
dicker als deine starken
Augengläser aus Schildpatt,
die nachts ich dir nehme und
zu den Morphiumampullen lege.

Der Stiergott war nicht
der unsere, sondern der Gott, der mit Feuer
die Lilien am Graben färbt:

Ariete invocai e la fuga
del mostro cornuto travolse
con l'ultimo orgoglio anche il cuore
schiantato dalla tua tosse.

Attendo un cenno, se è prossima
l'ora del ratto finale:
son pronto e la penitenza
s'inizia fin d'ora nel cupo
singulto di valli e dirupi
*dell'*altra *Emergenza.*

Hai messo sul comodino
il bulldog di legno, la sveglia
col fosforo sulle lancette
che spande un tenue lucore
sul tuo dormiveglia,

il nulla che basta a chi vuole
forzare la porta stretta;
e fuori, rossa, s'inasta,
si spiega sul bianco una croce.

Con te anch'io m'affaccio alla voce
che irrompe nell'alba, all'enorme
presenza dei morti; e poi l'ululo

del cane di legno è il mio, muto.

Den Widder rief ich an, und die Flucht
des gehörnten Untiers rannte
nieder den letzten Stolz und das Herz,
das dein Husten zermalmte.

Ich erwarte ein Zeichen, ob nah ist
die Stunde endgült'ger Entführung:
ich bin bereit, und die Buße
beginnt schon jetzt in dem düsteren
Schluchzen der Täler und Schründe
des *anderen* Grabens der Not.

Auf den Nachttisch hast du gestellt
den hölzernen Bulldog, den Wecker,
der mit dem Phosphor seiner Zeiger
einen dünnen Lichtschein über
deinen Dämmerschlaf wirft,

das wenige, das ausreicht,
um die schmale Pforte zu sprengen;
und draußen entfaltet sich rot
auf weiß das gehißte Kreuz.

Mit dir stell auch ich mich der Stimme,
die im Morgengrauen erschallt, bei der Toten
ungeheurem Appell; und dann wird das stumme

Heulen des hölzernen Hundes zu meinem.

Verso Finistère

Col bramire dei cervi nella piova
d'Armor l'arco del tuo ciglio s'è spento
al primo buio per filtrare poi
sull'intonaco albale dove prillano
ruote di cicli, fusi, razzi, frange
d'alberi scossi. Forse non ho altra prova
che Dio mi vede e che le tue pupille
d'acquamarina guardano per lui.

Nach Finistère

Mit dem Schrei der Hirsche im Regen
des Armorlandes erlosch der Bogen
deiner Wimpern, um dann zu träufeln auf
den morgenlichtigen Firnis, wo Räder
kreisen, Spindeln, Raketen, Fransen
geschüttelter Bäume. Vielleicht bleibt mir
kein andrer Beweis, daß Gott mich sieht
und deine meergrünen Augen blicken für ihn.

Iride

Quando di colpo San Martino smotta
le sue braci e le attizza in fondo al cupo
fornello dell'Ontario,
schiocchi di pigne verdi fra la cenere
o il fumo d'un infuso di papaveri
e il Volto insanguinato sul sudario
che mi divide da te;

questo e poco altro (se poco
è un tuo segno, un ammicco, nella lotta
che me sospinge in un ossario, spalle
al muro, dove zàffiri celesti
e palmizi e cicogne su una zampa non chiudono
l'atroce vista al povero
Nestoriano smarrito);

è quanto di te giunge dal naufragio
delle mie genti, delle tue, or che un fuoco
di gelo porta alla memoria il suolo
ch'è tuo e che non vedesti; e altro rosario
fra le dita non ho, non altra vampa
se non questa, di resina e di bacche,
t'ha investito.

* * *

Regenbogen

Wenn mit einem Schlage Sankt Martin seine Gluten
verschüttet und sie entfacht in der Tiefe
des dunklen Ontario,
sind es Tannenzapfen, die im Herde krachen,
ist es der Dampf eines Absuds von Mohn
und das blutende Antlitz auf dem Schweißtuch,
was mich scheidet von dir;

dies und weniges andere (wenn
wenig bedeutet ein Zeichen von dir, ein Wink in dem
Kampfe, der mich drängt in ein Beinhaus, mit den
Schultern zur Wand, wo blaue Saphire
und Palmen und Störche auf einem Bein den schrecklichen
Anblick nicht ersparen dem armen
verirrten Anhänger Nestors);

ist alles, was von dir entkommen dem Schiffbruch
meiner Leute und deiner, nun da ein eisiges Feuer
die Erinnerung wachruft der Erde, die dein ist
und die du nicht sahst; anderer Rosenkranz
schlingt sich mir nicht um die Finger, andere Glut
nicht als diese aus Harz und Beeren
hat dich ergriffen.

* * *

Cuore d'altri non è simile al tuo,
la lince non somiglia al bel soriano
che apposta l'uccello mosca sull'alloro;
ma li credi tu eguali se t'avventuri
fuor dell'ombra del sicomoro
o è forse quella maschera sul drappo bianco,
quell'effigie di porpora che t'ha guidata?

Perché l'opera tua (che della Sua
è una forma) fiorisse in altre luci
Iri del Canaan ti dileguasti
in quel nimbo di vischi e pugnitopi
che il tuo cuore conduce
nella notte nel mondo, oltre il miraggio
dei fiori del deserto, tuoi germani.

Se appari, qui mi riporti, sotto la pergola
di viti spoglie, accanto all'imbarcadero
del nostro fiume – e il burchio non torna indietro,
il sole di San Martino si stempera, nero.
Ma se ritorni non sei tu, è mutata
la tua storia terrena, non attendi
al traghetto la prua,
non hai sguardi, né ieri né domani;

perché l'opera Sua *(che nella tua*
si trasforma) dev'esser continuata.

Das Herz der anderen gleicht dem deinen nicht,
der Luchs ist ähnlich nicht der schönen Tigerkatze,
die auf dem Lorbeerbaum den Kolibri beschleicht;
doch du hältst sie für gleich, wenn aus dem Schatten
der Sykomore du dich wagst,
oder war's jene Maske auf dem weißen Tuche,
purpurnes Bildnis, das dich so gelenkt?

Damit dein Werk (das eine Form
des Seinen ist) in anderen Lichtern blühe,
Iris von Kanaan, zerflossest du
zu dem Gewölk aus Mäusedorn und Mispel,
das in der Nacht dein Herz trägt in die Welt
und weiter als das Trugbild noch
der Wüstenblumen, deiner Brüder.

Wenn du erscheinst, versetzt du mich zurück
unter die Laube kahler Reben bei der Landestelle
an unserem Strom – und nimmer kehrt die Fähre,
die Sonne von Sankt Martin färbt sich schwarz.
Doch wenn du wiederkehrst, so bist du's nicht,
verwandelt ist dein irdisches Geschick,
du harrest nicht des Buges, wo er anlegt,
hast keine Blicke, gestern nicht und morgen;

denn Sein Walten (das in das deine
sich verwandelt) *muß fortgeführt werden.*

Nubi color magenta ...

Nubi color magenta s'addensavano
nella grotta di Fingal d'oltrecosta
quando dissi »pedala,
angelo mio!« e con un salto
il tandem si staccò dal fango, sciolse
il volo tra le bacche del rialto.

Nubi color di rame si piegavano
a ponte sulle spire dell'Agliena,
sulle biancane rugginose quando
ti dissi »resta!«, e la tua ala d'ebano
occupò l'orizzonte
col suo fremito lungo, insostenibile.

Come Pafnuzio nel deserto, troppo
volli vincerti, io vinto.
Volo con te, resto con te; morire,
vivere è un punto solo, un groppo tinto
del tuo colore, caldo del respiro
della caverna, fondo, appena udibile.

Ziegelrotes Gewölk ...

Ziegelrotes Gewölk von Übersee
häufte sich um Fingals Höhle,
als ich sagte: »Fahr zu,
mein Engel!« Mit einem Satz
entriß sich dem Schlamme des Tandem,
entwand es im Flug sich den Beeren der Böschung.

Kupferfarbene Wolken sich wölbten
wie eine Brücke über den Wirbeln des Flusses,
über dem rostigen Rain beidseits der Agliena,
als ich dir zurief »bleib!«, und deine ebenholz-
farbene Schwinge lagerte über dem Blickfeld,
langhin zitternd auf unerträgliche Weise.

Wie in der Wüste Paphnuz, so wollte
zuviel dich besiegen, ich, der Besiegte.
Ich fliege mit dir, ich bleibe bei dir; sterben,
leben sind nur ein Punkt, ein Knäuel,
mit deiner Farbe getönt, erwärmt vom Atem
der Höhle, kaum hörbare Tiefe.

Piccolo testamento

Questo che a notte balugina
nella calotta del mio pensiero,
traccia madreparlacea di lumaca
o smeriglio di vetro calpestato,
non è lume di chiesa o d'officina
che alimenti
chierico rosso, o nero.
Solo quest'iride posso
lasciarti a testimonianza
d'una fede che fu combattuta,
d'una speranza che bruciò più lenta
di un duro ceppo nel focolare.
Conservane la cipria nello specchietto
quando spenta ogni lampada
la sardana si farà infernale
e un ombroso Lucifero scenderà su una prora
del Tamigi, del Hudson, della Senna
scuotendo l'ali di bitume semi-
mozze dalla fatica, a dirti: è l'ora.
Non è un'eredità, un portafortuna
che può reggere all'urto dei monsoni
sul fil di ragno della memoria,
ma una storia non dura che nella cenere
e persistenza è solo l'estinzione.

Kleines Testament

Fahler Lichtschein, der nachts
mir zuckt im Gehäuse des Denkens,
perlmutterne Spur der Schnecke
oder Schimmer zertretenen Glases,
ist nicht der Schein der Kirchen noch der Fabrik,
von dem sich nährt
der Kleriker Rot und Schwarz.
Nur diese Iris kann ich
dir lassen zum Zeugnis
eines Glaubens, der erkämpft ward,
einer Hoffnung, die langsamer brannte
als das harte Holzscheit im Herd.
Bewahre von ihr den Staub im Puderdöschen,
wenn alle Lampen gelöscht und
höllischer rast die Sardana,[6]
wenn auf dem Buge stehend der Schattenfürst Luzifer
gleitet hinab die Themse, den Hudson, die Seine,
seine Flügel schüttelt aus Teer, die
abgestumpft vom Gebrauch, und spricht: Es ist Zeit.
Kein geerbtes Vermögen, kein Glückspfand
kann dem Stoß widerstehn der Monsune,
retten des Andenkens hauchdünnen Faden,
eine Geschichte dauert nur in der Asche
und beständig ist nur das Erloschensein.

Giusto era il segno: chi l'ha ravvisato
non può fallire nel ritrovarti.
Ognuno riconosce i suoi: l'orgoglio
non era fuga, l'umiltà non era
vile, il tenue bagliore strofinato
laggiù non era quello di un fiammifero.

Recht war das Zeichen: wer es wahrnahm,
kann nicht fehlgehn, dich wiederzufinden.
Jeder erkennt das Seine: Der Stolz
war nicht Flucht, die Demut nicht feige,
der dünne Lichtschein, angerieben dort unten,
war nicht von einem Streichholz.

ANMERKUNGEN

1 Ähnlich den Worten Dantes über die Liebe, die dem Dichter »diktiert« (vgl. Purgatorio, 24, 52 ff.).
2 »por amor de la fiebre« (aus Liebe zum Fieber), Worte der Hl. Theresa von Avila.
3 »La Martinella« heißt die Glocke des Palazzo Vecchio in Florenz.
4 »ut pictura« nach Horaz: »ut pictura poesis«.
5 Armor ist die keltische Bezeichnung für die Bretagne.
6 »Sardana«, ein katalanischer Tanz.

NACHWORT

Die vorliegende Auswahl aus dem lyrischen Werk von Eugenio Montale geht auf die Idee zurück, den deutschen Leser mit einer repräsentativen Erscheinung der modernen lyrischen Dichtung Italiens bekannt zu machen und damit auch eine weitere Einsicht zu eröffnen in die besondere Art und Eigenheit zeitgenössischer Dichtung, wie sie in einem der literarisch bedeutendsten und traditionsreichsten Länder Europas gepflegt wird. Allerdings gehört Montale, obgleich er auch heute noch als Redakteur und Kritiker der Mailänder Zeitung »Il Corriere della Sera« im literarischen Leben steht, nicht mehr zur jüngsten Generation der italienischen »Moderne«, ebensowenig übrigens wie Giuseppe Ungaretti oder Salvatore Quasimodo, die in ähnlicher Weise und ungefähr im gleichen Zeitraum die Entwicklung der italienischen Lyrik gelenkt und ihr Gesamtbild geprägt haben. Montale wurde am 12. Oktober 1896 in Genua geboren und trat schon kurz nach dem ersten Weltkrieg, an dem er, wie die meisten Dichter seiner Generation, aktiv teilgenommen hatte, mit einer Reihe landschaftlich bestimmter Gedichte hervor. In ihnen trug er Motive seiner heimatlichen ligurischen Küste und des ligurischen Meeres, der italienischen »Riviera«, in einer neuen, originellen Weise vor, die von dem bis dahin herrschenden klassisch-rhetorischen Stil Carduccis und D'Annunzios wesentlich abwich. Noch bis auf das Jahr 1916 zurück reicht das auch in unsere Sammlung aufgenommene ligurische Stimmungsbild »Meriggiare pallido e assorto« (Mittäglich ruhen ... S. 9), das mit seiner panischen Atmosphäre schweigender, unentrinnbarer Mittagsglut bereits auf ein Leitmotiv der ersten größeren Gedichtsammlung hinweist, die in den Jahren

1920 bis 1927 entstand und zusammengefaßt unter dem Titel »Ossi di seppia« (Die Knochen des Tintenfischs) erschien. Auch dieser eigentümliche Titel, der auf die weißen ovalen »Schulpen« der Sepiafische anspielt, wie man sie häufig an den Küsten des Mittelmeers findet, umfaßt symbolisch das Erlebnis von Licht, Sonne, Meer, von Uferbergen, Olivenhainen, trockenen Flußbetten, Klippen und Agaven, um das die frühe Dichtung Montales kreist.

Gleich mit diesem ersten Wurf wurde Montale ziemlich schnell bekannt, zuerst in Genua und seiner engeren ligurischen Heimat als ein neuer Deuter der spezifischen Eigenart dieser Landschaft, bald aber in ganz Italien als eine neue Stimme italienischer Dichtung, der es gelungen war, die herkömmliche Art beschreibender Naturlyrik in eine neue Tonlage, ja auch in neue seelische Dimensionen zu versetzen. Die »Ossi di seppia« erreichten schon in den dreißiger Jahren mehrere Auflagen, die sich nach dem Kriege, als der Verlag Mondadori das Gesamtwerk Montales in seine Obhut nahm, auf zehn steigerten, demnach eine für reine Lyrik gewiß ungewöhnlich hohe Auflagenzahl. Darin spiegelt sich vielleicht deutlicher als in allen theoretischen Erörterungen die Tatsache wider, daß hier ein junger Dichter eine Bresche in den traditionellen Geschmack des Publikums schlagen und einer neuen Technik, einer neuen Empfindungs- und Ausdrucksweise der Dichtkunst einen dauerhaften Platz im geistigen Leben Italiens sichern konnte. Auf dieser Bahn vermochte darum Montale in der folgenden Zeit Vorbild zu sein, aber auch selbst mit einer zweiten größeren, thematisch stark erweiterten und vielseitigen Sammlung von Gedichten fortzuschreiten, »Le occasioni« (Die Gelegenheiten), die 1939 erschienen, und schließlich noch in jüngster Zeit mit der 1956 veröffentlichten Reihe »La bufera e altro« (Der Sturmwind und anderes), die die Arbeiten des Dichters aus den Kriegs- und Nachkriegsjahren vereinigt. Damit reicht das Schaffen Montales, auch wenn sein eigentlicher »Durchbruch« nun schon ungefähr dreißig Jahre zurückliegt, doch bis dicht an unsere unmittelbare

Gegenwart heran. Und man darf deshalb mit Berechtigung sagen, daß er für die moderne italienische Lyrik beides darstellt, nämlich einen Wegbereiter *und* zeitgenössischen Repräsentanten.
Allerdings ist das eine Stellung, die Montale nicht für sich allein in Anspruch nehmen kann, denn Wegbereiter waren vor ihm schon Ungaretti und trotz seines possenhaften Auftretens auch Filippo Marinetti, die beide starke und wesentliche Anregungen des französischen Symbolismus nach Italien leiteten. Was aber Montales Lyrik von Anfang an besonders anziehend machte, war das Fehlen allen äußerlich umstürzlerischen Betragens, aller Auffälligkeit in der Form oder gar im Schriftbild der Gedichte, wie sie Marinettis »Futurismus« anstrebte und bis zu einem gewissen Grade auch Ungaretti. Bei Montale gab es keine impulsiven »Schreie«, keine Wortketten, Buchstabenbilder, Geräuschimitationen, aber auch keine konzentrierten Botschaften von ein oder zwei Versen wie bei Ungaretti. In der äußeren Form, dem Gedichtbild, veränderte er sich eigentlich nur insoweit, als er meist auf den Reim verzichtete oder den Reimen ein zufälliges und unabsichtliches Gepräge gab. Solche Unauffälligkeit der Form pflegte er auch im historisch umgekehrten Sinne in einer Reihe von Gedichten, die sich bei näherem Zusehen als Sonette erweisen, aber nicht als solche »auffallen«, weil die Strophen, zwei Vierzeiler und zwei Dreizeiler, nicht im Schriftbild getrennt sind (man vergleiche dazu in unserer Auswahl »Im Schlafe«, »Die Ohrringe« oder »Der Fächer«). Die Wandlung und Erweiterung der dichterischen Ausdrucksmittel vollzog sich bei Montale geräuschlos und ohne Haschen nach Effekt und Aufsehen ganz im Innenraum der Dichtung, im Gebrauch neuer und kühnerer Bilder, Gedankenverbindungen und weiträumiger Assoziationen. Auf diesem Wege schreckte er aber auch vor Konsequenzen nicht zurück, die seine Dichtung im logischen Sinne und in ihren Bezügen zu Mensch und Wirklichkeit oft dunkel und schwer verständlich machten, ihr aber damit zugleich den magischen Glanz des Rätselhaften und Geheimnisvollen verliehen, den die französischen Symbo-

listen, vor allem Mallarmé, als das Wesen der modernen Dichtkunst verkündet hatten.

Ihren besonderen Reiz gewann die Dichtung Montales aber dadurch, daß sie diese Technik dunkler Andeutung, rätselhafter Zusammenstellung, für die sich in Italien bald die Bezeichnung »Hermetismus« einbürgerte, mit einer ganz konkreten Thematik verband, so in seinen frühen Gedichten mit den Landschaftsmotiven der ligurischen Küste. In dieser Hinsicht haben die »Ossi di seppia« viel Ähnlichkeit mit der modernen Landschaftsmalerei, die ja in ihren Anfängen, wir denken an van Gogh, Cézanne, Picasso, de Pisis, gleichfalls stark durch das Erlebnis der Mittelmeerküste, so besonders der Ligurien benachbarten und ähnlichen Provence bestimmt war. In der Tat wirken manche Gedichte Montales wie Vorlagen zu eigenwillig komponierten Bildern aus südlicher seenaher Landschaft. Es ist eine Verwandtschaft oder Parallelität zur Malerei, die Montale selbst empfunden und auch in einem Gedicht, einer Skizze vom Arnoufer bei Florenz, deutlich ausgesprochen hat, das er als »In der Manier von Filippo de Pisis« überschrieb und diesem Maler mit einem Band der »Occasioni« als Widmung übersandte (S. 71). Besonders in den »Occasioni« wird die Verbindung von sachlicher »gegenständlicher« Thematik und dunkel suggestiver »hermetischer« Technik immer deutlicher. In den Jahren, in denen diese Sammlung entsteht, weitet sich das Blickfeld des Dichters durch Reisen in Italien, aber auch nach Frankreich, Deutschland, Österreich, England, Spanien. Er übersiedelt nach Florenz und übernimmt dort die Leitung des literarisch-wissenschaftlichen Bildungsinstituts »Gabinetto Vieusseux«, beteiligt sich auch als ständiger Mitarbeiter an der führenden italienischen Literaturzeitschrift »L'Italia letteraria«. Die vielfältigen Eindrücke und Begegnungen dieser Jahre zwischen 1930 und dem Beginn des zweiten Weltkrieges zeichnen sich in der thematischen Fülle der »Occasioni« ab. Es sind die »Gelegenheiten«, die seinem zweiten Gedichtband den Titel geben, durchaus bestimmte, von Menschen und Dingen ausgehende Erinnerungen, vielfach Reiseeindrücke,

wie etwa ein englisches Seebad, ein Sonntag auf der Marne, ein früher Spaziergang im Park von Caserta, oft auch Begegnungen mit Frauen wie in »Dora Markus« oder in »Abschied von Liuba« oder Dinge des täglichen Lebens, eine Schachpartie, eine Fahrt im Personenzug, dann wieder Naturbilder und Naturerscheinungen. Insbesondere die Florentiner Jahre verdichteten sich in dem Gedicht auf den Hügel von Bellosguardo (»Die Tage von Bellosguardo«), den schon Foscolo als Sitz seiner »Grazien« gefeiert hatte.
Aber während sich die geistige Landschaft Montales so erweitert und einen kosmopolitischen Glanz gewinnt, der an Valéry Larbaud und Apollinaire erinnert, wird auch die Darstellung der Motive immer weitschichtiger und beziehungsreicher, dergestalt, daß das Thema nicht eigentlich mehr den Gegenstand des Gedichtes bildet, sondern mehr und mehr zum Anlaß, eben zur »Gelegenheit« wird, an die sich sachlich unbegrenzte Vorstellungs- und Gedankenketten des Dichters knüpfen. Dem logischen und selbst dem intuitiven Verständnis bieten die späteren Gedichte Montales deshalb oft erhebliche Schwierigkeiten, und der Autor hat es schließlich selbst in manchen Fällen für notwendig gehalten, in Form von »Anmerkungen« einzelne, allerdings sehr sparsame Hinweise auf die Bedeutung der einen oder anderen Stelle oder fernliegender Begriffe und Ausdrücke zu geben. Diese Anmerkungen wurden auch im Anhang der vorliegenden Übersetzungen beibehalten und, wo es dem Übersetzer notwendig schien, durch einige weitere Angaben vermehrt. Dabei erhebt sich wie bei aller modernen Lyrik freilich auch die naheliegende Frage, welche Bedeutung oder welchen Reiz solch dunkle oder schwer verständliche Lyrik für den Leser haben kann. Darüber ist in neuerer Zeit hinlänglich diskutiert worden, ohne daß man letztlich eine bessere Antwort finden könnte als in der Dichtung selbst. So enthalten gerade die Verse Montales, die anscheinend gänzlich außerhalb aller realen und begreiflichen Zusammenhänge stehen, oft Bilder von höchster dichterischer Einprägsamkeit wie etwa die Fackeln im Teich von Caserta, oder die zwei Schakale an der Leine des goldbetreßten Die-

ners, oder die Waldlichtung als Zifferblatt einer Sonnenuhr. Es sind Vorstellungen, Gedankenbilder, wie man sie eben nur in der Dichtung eines Landes finden kann, in dem der malerische Genius so ausgeprägt und vorherrschend ist wie in Italien. Und vielleicht geht man deshalb auch nicht fehl, wenn man in dieser Verbindung symbolistischer Mystik französischer Prägung und klarer Bildlichkeit italienischer Tradition den besonderen Rang und Wert Montales und der modernen Lyrik Italiens im allgemeinen erkennt. Bei Montale, aber auch bei Ungaretti und Quasimodo, auch bei unbekannteren Dichtern dieser Richtung wie etwa Leonardo Sinisgalli und Mario Luzi hat man deutlich den Eindruck, daß auch die irrationale Sprache modernen Dichtens in letzter Instanz von einem eingewurzelten Kunst- und Schönheitsempfinden gelenkt wird und deshalb hier einer der gültigsten Wege der neueren Entwicklung beschritten wurde.
Dennoch liegt der wichtigste Schlüssel für das Verständnis Montales, auch der stilistischen, formalen Eigenheiten seiner Dichtung, im Bereich konkreter Thematik. Vor allem sind es das Meer, das Mittelmeer, »Il mediterraneo«, wie übrigens Wasser und Gewässer schlechthin, Seen, Flüsse, Teiche, Bäche, die die Landschaft der »Ossi di seppia« beherrschen, aber auch in den »Occasioni« und in »La bufera« noch häufig wiederkehren. Der Dichter verweilt mit Vorliebe an Meeresküsten und Wasserläufen, so an der englichen Riviera von Sussex, in »Eastbourne«, in Deutschland am Bodensee und an der Donau, in Frankreich an der Marne. Im Vordergrund steht allerdings immer wieder das Mittelmeer. Es ist Quelle lyrischer Inspiration, Gegenstand hymnischer Beschreibung, Gleichnis und Abbild seelischer Zustände und vor allem seelischer Wandlung und Wandlungsfähigkeit. So spiegelt sich der ewige Wechsel der Farben und Tönungen, der häufige Wandel von Ruhe und Bewegung, Klarheit und Dunst, stiller Bläue und sturmgetriebener Wolkenmassen, der gerade für das Meer bei Genua charakteristisch ist, in den schnell wechselnden Stimmungen, Bildern und Beleuchtungen der Montaleschen Lyrik, insbesondere in seinen großen »Seestücken« wie etwa in »Arsenio« (S. 45).

Ja, dieses Vorbild ständigen Wandels, unberechenbarer Veränderung, wechselnden Seegangs wirkt sich sogar bis in den Ton und den Rhythmus der Verse aus, erklärt ihre eigentümlich schwankende, oft mühsam ringende, oft feierlich gemessene, dann wieder schnell gleitende Wortfolge. Die vielbemerkte »Sprödigkeit«, Härte, Unregelmäßigkeit des Montaleschen Verses dürfte deshalb letzten Endes auch dem Wunsch zuzuschreiben sein, der »Stimme« des Meeres Worte und Rhythmus abzulauschen, sie in seine Lyrik zu transponieren, und dies um so wahrscheinlicher, als der Dichter selbst dieses Bestreben in einer Hymne der Folge »Mediterraneo« als höchstes Ziel seines Dichtens bekannt hat:

»Könnt ich in meine mühevollen
Rhythmen nur etwas zwingen
deines gewaltigen Raunens;
wäre mir doch gegeben, mein Stammeln
auf deinen Gesang zu stimmen.« (S. 35).

Mit dieser beherrschenden Bedeutung des Meeres steht Montale an einer ganz zentralen Stelle der neueren Dichtung und ihrer heute schon übersehbaren historischen Entwicklung, denn mit der Tatsache, daß Montale aus einer See- und Hafenstadt stammt, ist diese Erscheinung allein nicht zu erklären. Auch in seiner Lyrik klingen Vorbilder aus dem ganzen Bereich neuerer Seedichtung an, der von der deutschen und englischen Romantik, von Heine, Shelley und Keats bis zum französischen Symbolismus, bis zu Rimbaud und Valéry reicht. Auch für Quasimodo wurde, ähnlich wie für Montale, die »Stimme« des Meeres zu einer Offenbarung der Dichtersprache überhaupt. Und hier war es zweifellos Montale, der nun seinerseits den jüngeren Dichtern Italiens den starken Atem einer Lyrik vermittelt hat, die ihre Kräfte aus der Anschauung und Aufnahme eines machtvollen Naturelementes schöpft.
Kosmische Weite, Fülle und Vielheit des Lichtes, eine weiträumige Darstellung und Anordnung der einzelnen Erschei-

nungen und Vorstellungen sind denn auch die Eigenschaften, die der Dichtung Montales einen hohen Rang in der zeitgenössischen Dichtung sichern. Damit verbindet sich allerdings – und darin macht Montale keine Ausnahme in der modernen Dichtung – ein Hang zur Schwermut, zum Weltschmerz, zur »tristezza«. Dieses Grundgefühl wird aber doch wieder aufgelockert und aufgewogen durch einen leisen, durchschimmernden Humor wie in den »Motetten«, vor allem aber durch den Glanz und die Weite der seelischen und landschaftlichen Szenerie. Deshalb besitzt Montales Dichtung trotz aller ausgeprägt modernen Merkmale, trotz Weltschmerz, Einsamkeit, Dunkelheit und abstrakter Reflektion eine Ausgewogenheit, die sie innerhalb der zeitgenössischen Lyrik Italiens vielleicht am engsten mit der großen traditionellen Linie der italienischen Dichtung verknüpft. Anklänge an Dante, an Leopardi und Foscolo finden sich häufig in einzelnen Ausdrücken und Wendungen. Noch deutlicher aber bezeugt sich die Anlehnung an die italienische Tradition in einer »Ekloge«, die zu den ersten größeren Gedichten der »Ossi di seppia« gehört (S. 37). Hier greift Montale in Gestalt der Eklogen Vergils das gleiche Vorbild auf, das die lyrisch-ländliche Dichtung Italiens von den Eklogen Dantes und Boiardos, dem »Ninfale fiesolano« Boccaccios, den Hirtendramen Tassos und Guarinis bis zu Pascolis »Myricae« immer wieder belebt und gespeist hat. Damit hat Montale gleich zu Beginn seines Schaffens den Anschluß der neuen Richtung an die Antike wiederhergestellt und damit seinerseits wiederum ein Beispiel gegeben für die Erneuerung antiken, besonders vergilischen Empfindens, wie sie für die späteren Dichtungen Ungarettis, etwa die »Terra promessa«, vor allem aber für das lyrische Werk Quasimodos charakteristisch wurde.

Die Auswahl, die hier getroffen wurde, versucht nach Möglichkeit, diesen wesentlichen Aspekten seines Schaffens gerecht zu werden. Sie stützt sich überdies auf Hinweise, die der Autor selbst für die Gestaltung dieses Bandes gegeben hat, und darf daher zugleich als eine Art erster anthologischer Ausgabe seiner Gedichte gelten. Wie jeder Übersetzer fremdsprachlicher Lyrik, so kann auch ich nur bemerken, daß die Übertragung hauptsächlich ein Hilfsmittel für die Kenntnis und das Verständnis des Originaltextes sein muß, der deshalb auch in dieser Ausgabe nicht fehlen durfte. Im Bereich moderner Lyrik und so auch im Falle Montales hat die Übersetzung zudem mit vermehrten Schwierigkeiten zu kämpfen, da der Sinn vieler Stellen nur intuitiv erfaßt werden kann und die Übersetzung dadurch zugleich eine bestimmte Deutung erfordert. Andererseits ist es gerade an solchen Stellen schwierig, für die stark an Worte und Wortformeln gebundene dichterische Wirkung ein Äquivalent im Deutschen zu finden, das sich nicht allzuweit vom wörtlichen Sinn entfernt. Im großen und ganzen war es mein Bestreben, so dicht wie möglich »am Text« zu bleiben und zugleich die äußere Form der Gedichte zu wahren, wie auch Reim und Strophenbau, soweit Montale davon Gebrauch macht. Dennoch habe ich mir in manchen Fällen eine freiere Übersetzung erlaubt, wenn die dichterische Wirkung durch allzu große Wörtlichkeit und Formtreue zu verblassen drohte. Schließlich sei noch bemerkt, daß diesen Übersetzungen schon eine kleinere Auswahl vorausging, die ich 1951 in der Zeitschrift »Merkur« veröffentlichte. Aber schon vor dem zweiten Weltkrieg hatte Hans Leifhelm einige Gedichte aus den »Ossi di seppia« übersetzt und damit die erste Kenntnis Montales in Deutschland vermittelt. So folgt dieser Versuch, einen Gesamteindruck des Dichters zu schaffen, einer Spur, die auch in der deutschen Lyrik schon länger vorgezeichnet war.

Herbert Frenzel
1960

Inhalt